TTAP 実践事例集

特別支援学校のキャリア教育

― 希望の進路を叶える ―

清水 浩 著

田研出版株式会社

はじめに

　我が国においては，「初等中等教育と高等教育との接続の改善について」（中央教育審議会答申，1999）以降に，キャリア教育に関連したさまざまな施策が進められ，その中でキャリア教育は教育改革の重点行動計画に位置づけられました。また，文部科学省のキャリア教育の推進に関する総合的調査研究協力者会議（2004）では，「学校の教育活動全体を通じて児童生徒の発達段階に応じた組織的・系統的なキャリア教育の推進が必要であること」「キャリア発達を促す指導と進路決定のための指導とを，一連の流れとして系統的に調和をとって展開することが求められること」など，職業教育と進路指導の充実に必要な視点が報告されています。

　このような流れを受けて，特別支援学校高等部学習指導要領総則（2009）には，職業教育にあたって配慮すべき項目および進路指導の充実に関するキャリア教育の推進が規定され，就労につながる職業教育の一層の充実が課題として挙げられました。特別支援学校においてもこのような点を踏まえて，進路指導および職業教育を含めた学校から社会への適切な移行支援計画を策定する必要がありますが，その中でも特に自閉症児に対する試みは重要です。その理由は，特別支援学校知的障害教育部門全体で，自閉症のある児童生徒の割合が，39.6％（小学部46.8％，中学部42.5％，高等部29.5％）（全国特別支援学校知的障害教育校長会，2013）を占めており，これに対応した教員の専門性向上が緊急課題となっているからです。

　現在，知的障害特別支援学校高等部を卒業し，一般企業に就労している自閉スペクトラム症（Autism Spectrum Disorder：以下「ASD」）者はわずかではありますが増加傾向にあり，この結果からも我が国において進められてきたASD児者に対する就労支援制度の整備やキャリア教育の推進が果たされつつあるといえるのではないでしょうか。しかし一方で，彼らが職業生活を継続する

2　はじめに

中で職場定着に関する課題も多く，その大きな理由として，ASD児者の特性理解や就労先への移行支援等の困難さが挙げられます。具体的には，コミュニケーションや社会性等の課題が周囲に理解されにくいこと，また，支援者の職場への介入による職務と環境とのマッチング，障害理解への助言が十分でないこと，さらに，ASD児者自身が職場の定式化されたルールや暗黙のルールを理解することが困難であることなど，対人関係面や職場環境面等に関する支援の必要性が数多く報告されています。

人が仕事をする上で必要な能力には，仕事を進める上で必要な技能であるハードスキルと，人との関わりの能力であるソフトスキルがあります。就労上の課題に対するハードスキルとソフトスキルの割合は，ソフトスキルが全体の8〜9割を占めると言われていますので，仕事をする上で必要とされるソフトスキルを学校在学中に獲得できるように計画的に準備をするなど，ASD児者の自立を叶える支援のさらなる充実が求められます。

私は以前，知的障害特別支援学校に所属し，多くの生徒の進路指導を担当しておりましたが，障害者雇用の現状や生徒自身が目指す職種および仕事内容等にも変化がみられ，生徒一人一人の特性や強み（strength），また，地域の実情等を的確に把握することの必要性を大いに感じておりました。先行研究や優れた実践事例などを参考にさせていただきながら，多くの先生方と作業学習の内容や産業現場等における実習（以下，「現場実習」）への取り組み方，学校から職場への移行支援の在り方等について検討し，さらに充実した支援を目指して前に踏み出そうとしていたことを覚えております。

そのような中，当時，宇都宮大学にご勤務されていた恩師の梅永雄二先生（現，早稲田大学教育・総合科学学術院教授）より，TTAP（自閉症スペクトラムの移行アセスメントプロフィール：TEACCH Transition Assessment Profile，以下「TTAP」）の活用をすすめていただきました。

このアセスメントは，米国において，知的障害を伴うASD生徒が学校卒業後，社会に参加する上で必要な教育サービスを提供するためのITP

（Individualized Transition Plan：個別移行計画，以下「ITP」）を策定するために使用されており，ASD生徒の強みを生かし，就労に向けたより具体的な指導内容および方法等を明らかにすることが可能になるというものです。

　実際に活用する中で，生徒一人一人の特性理解，生徒が獲得しているスキルと職業領域とのマッチング，職場環境におけるアセスメント，環境調整の仕方，職場における担当者と教員間の共通理解等について多くの学びがありました。このことからASD児者の特性理解や就労先への移行支援等を中心とした知的障害特別支援学校のキャリア教育において，有効なアセスメントツールの一つとして十分活用できるものと確信しております。

　本書は，TTAPの概要と10の事例から構成されています。実践事例をとおして，現場実習におけるアセスメントを中心に，TTAPを活用したキャリア教育における新たな視点をご紹介いたします。

目次

はじめに　1

第1部　TTAPの概要……………………………………………………7
　1　TTAPとは　9
　2　TTAPフォーマルアセスメント　10
　3　TTAPインフォーマルアセスメント　13

第2部　事例……………………………………………………………15
　事例1　ナホコ　17
　事例2　リサ　29
　事例3　コウジ　39
　事例4　サユリ　51
　事例5　カイト　71
　事例6　タケシ　85
　事例7　タツオ　97
　事例8　ショウ　109
　事例9　現場実習における課題と自立活動との関連　121
　事例10　「地域でのチェックリスト」（宇都宮版）の開発　129

参考資料　151
おわりに　153

第 1 部　TTAPの概要

1　TTAPとは ✏️

2　TTAPフォーマルアセスメント ✏️

3　TTAPインフォーマルアセスメント ✏️

1　TTAPとは

　青年・成人自閉症の就労支援の手がかりを得るために，米国ノースカロライナTEACCH（Treatment and Education of Autistic and related Communication handicapped Children, 以下「TEACCH」）部で開発されたAAPEP（青年期・成人期心理教育診断評価法：Adolescent and Adult Psycho-Educational Profile, 以下「AAPEP」）は，1988年の改訂を経て，2007年にTTAPとして改訂された（日本版の発刊は2010年）。我が国では「自閉症スペクトラムの移行アセスメントプロフィール」と訳され，軽度から重度の知的障害のあるASD児者のために作られた成人期の自立を促すためのアセスメントになっている。

　具体的には，AAPEPから，①居住場面や職場での自立生活により身近で有益な課題への検査項目の適合，②より知的に軽度のASD児者をアセスメントできる項目の追加，③ASD児者の持つ強みや視覚的手がかりを使う能力をアセスメントするための広範囲の視覚的構造化の項目という基準または項目の変更がなされた。

　おもに，環境とASD児者の双方を視野に入れたアセスメントで，ASD児者が学校卒業後，社会に参加する上で必要な教育サービスを提供するためのITPを策定するために使用する。

　ASD児者の特性や長所を取り入れた内容となっているので，ASD児者の強みを生かした支援方法をみつけることができ，主要な移行支援の目標や生徒の興味と強みを明確にし，家族と学校関係者間の連携を促すための包括的なスクリーニングの役割を果たすことが可能となる。

　構成は，TTAPフォーマルアセスメントとTTAPインフォーマルアセスメントの大きく2つからなる。特に，TTAPインフォーマルアセスメントは現場実習や地域での行動が含まれていることが特徴であり，従来のAAPEPに比べると，より

地域に根づいた具体性のあるものに変更されている。

2　TTAPフォーマルアセスメント

1）特徴

　TTAPフォーマルアセスメントは，スキルの直接アセスメント（直接観察尺度）と，居住場面（家庭尺度）や学校／職業場面（学校／事業所尺度）での行動を評価する面接を結びつけて，3つの環境条件から機能的評価を取り出して，1つの検査に組み込んだものである。

　この3つの尺度（直接観察尺度，居住場面（家庭尺度），学校／職業場面（学校／事業所尺度））は，それぞれ6つの機能領域（職業スキル，職業行動，自立機能，余暇スキル，機能的コミュニケーション，対人行動）に分けられて，採点される。

　直接観察尺度は，教員，心理士，ジョブコーチ，その他の訓練された専門家によって，静かな検査環境で従来の知能検査やスキルアセスメントと同じような手続きで実施される。

　家庭尺度と学校／事業所尺度は，直接観察尺度とは異なり，主要な支援者への問診に基づいた行動の報告によって作成される。家庭尺度では親，学校／事業所尺度では教員や職場の上司などからの聞き取りや彼らによる直接記入などによる。これら3つの異なった環境条件から，生徒の強みと弱みに関する情報を得ることができる。

　採点方法は3種類の基準の中から1つを選んで採点する。

　「合格」は生徒が課題解決に成功した場合に採点する。

　「不合格」は生徒が課題に取り組もうとしなかったり，取り組んでも課題が達成できなかったりした場合に採点する。

　「芽生え」は課題を部分的に解決できたり，どう解決したらよいのか初歩的な理解をしていたりする場合に採点する。

2）検査項目

3つの尺度（直接観察尺度，居住場面〈家庭尺度〉，学校／職業場面〈学校／事業所尺度〉）で採点される6つの機能領域には，いずれも12項目あり，各尺度合計72項目，テスト全体で216項目となる。これはTTAPのもととなったAAPEP（168項目）を拡大したことになり，より広範囲に軽度から重度の発達障害児者のアセスメントを行うことが可能となっている。

①職業スキル

さまざまな職業的課題を達成する際に必要な特定の技術的能力を測定する。

例えば，直接観察尺度では，分類，計算能力，測定能力が測定される。家庭尺度，学校／事業所尺度では，自立生活と雇用機会の可能性に関するスキルがある。家庭尺度では，清掃や調理のスキルとして道具や台所の使用，学校／事業所尺度では，道具の使い方やサイズの弁別能力などがある。

②職業行動

職業に関する行動の能力を見いだして評価する。

直接観察尺度では自立して働く能力，妨害されることや修正されることに適切に応じる能力，すでに獲得した課題を持続して行う能力などを評価する。家庭尺度は必要なときに助けを求める能力，新しい課題を達成する能力，時間が経過した後の指示に従う能力を評価する。学校／事業所尺度では，グループで働く能力，指示に従う能力，ルーチンの変化に適応する能力，間違いを正す能力などを評価する。

③自立機能

自立的な活動と自己決定の能力をみる。

家庭での自立スキルから地域社会のさまざまな場面でどの位自立的に活動できるかについて広範囲の行動がアセスメントされる。自立活動は，洗髪，入浴，更衣，食事，排泄を含む。自己決定能力は，交通手段を自立して使える能力，スケジュールに従う能力，安全基準に従う能力，個人の持ち物を自立して管理

する能力などが含まれる。

④余暇スキル

就業以外の時間を社会的に適切な活動で楽しめるかどうかをみる。

この領域では，個人の興味と活動を維持する能力が評価される。1人およびグループでの活動の両方が評価できるため，検査者はそれぞれの個人の活動を始める能力や，他の人が始めた活動に参加する本人の意思の程度がわかる。項目として，単純なボードゲームやカードゲームにおける遊び方，音楽を聴くこと，運動，植物の世話，ペットの世話などが含まれる。

⑤機能的コミュニケーション

職場や居住場面で十分に適応するために必要な最低基準のコミュニケーション能力を評価する。

基本的な要求に関するコミュニケーションや指示やジェスチャーの理解，要求や禁止への反応が含まれる。さらに，場所や色，人や物の名前などの理解やその基本的概念を使うことは，教育支援の効果的な方法を決めることを目的としている。

⑥対人行動

人との関わりの在り方をみる。

対人関係を形成する過程で，ソーシャルスキルや対人関係スキルは，職業および居住で適応するために最も重要なスキルとして位置づけられる。それゆえに，他人を邪魔しないで働くこと，グループで行う通常の行動，他人の存在にどう反応するかなどを評価する。また，見知らぬ人が存在するときに不適切な行動を示すことがある。そのため，家庭尺度や学校／事業所尺度において身近な人とそうでない人との対人行動を評価する。

3　TTAPインフォーマルアセスメント

1）特徴

　TTAPフォーマルアセスメントでは，成人生活をうまく生きていくために重要な6領域における個人のレベルを，3つの異なる尺度においてそれぞれ明らかにした。その上で，就労と居住を成功に導くように準備をするためには，地域に存在するさまざまな就労現場において，どのように行動するのかを実際の現場で評価し，さらに詳細な情報を得ることが必要である。

　ASD児者は，ある状況でできる課題について，よく似た状況であっても別の場面では同じ課題を遂行することができないという特性がある。持っているスキルを新しいさまざまな状況に般化することや，般化を助ける物理的，視覚的構造を明確にすることが苦手なのである。これは，ASD児者が学校で学んだスキルを実際の地域場面で般化することが困難であることを示唆している。

　ASD児者が自立できるよう支援するためには，環境そのものを調整して自立を促進することが必要となる。

　TTAPインフォーマルアセスメントでは，こういった般化の問題をアセスメントすることができる。ASD児者が環境の中で自立を支援するために必要な環境調整を明確化し，より多彩な場面にわたって自立を促進するための効果的な支援方略を打ち立てることが可能になる。また，TTAPインフォーマルアセスメントの項目で使われている構造化による指導の要素は，ASD児者に，ASD児者自身が自分で課題を達成するために必要な情報を提供するものとなる。

　TTAPインフォーマルアセスメントは，学校教育と成人生活全般をとおして，実施されるべき継続的で文脈ごとの系統的なスキル評価となっている。

2）アセスメントのツール

TTAPインフォーマルアセスメントは，次の5つから構成されている。

①スキルの累積記録（CRS：Cumulative Record of Skill）

実習環境で必要なスキルを決めるために使う詳細な引用のための文書。

②地域での実習現場アセスメントワークシート
　（CSAW：Community Site Assessment Worksheet）

実習現場で教える目標や使う支援方法を決める上で教員を支援するために計画された事前支援と事後支援のフォーム。

③地域でのチェックリスト（CSC：Community Skills Checklist）

関連する実習現場とそこでアセスメントする重要な職業スキルの両方を見いだすために教員によって使われる簡便な引用フォーム。

④地域行動チェックリスト（CBC：Community Behaviors Checklist）

現場実習で支援する必要のある行動や行動スキルを決めるために教員が使う簡便な引用フォーム。これらの行動やスキルは，職業行動，自立機能，余暇スキル，コミュニケーション，対人スキル，移動の各領域にわたる。

⑤毎日の達成チャート（DAC：Daily Accomplishment Chart）

教員やジョブコーチが実施した支援方法や環境調整法の有効性をアセスメントするのを助けたり，地域ベースで支援を行っている間の進歩状況や退行状況を記録したりするための毎日のデータ収集フォーム。

具体的には，実習内容をフォーマルアセスメントと同様に，6つの機能領域に分けて具体的な内容を記入し，実習の様子を評価する。また，実習内容を行う際に気をつける点や実際の取り組みの様子も記入する。

第2部 事例

事例1　ナホコ
事務機器を安全に使用できるスキル獲得に向けた支援

事例2　リサ
作業学習調理接客班からスーパーマーケットバックヤードへの移行支援

事例3　コウジ
視覚支援の充実した職場環境で自分の強みを発揮するための支援

事例4　サユリ
図書館への職場定着に向けた支援

事例5　カイト
スーパーマーケットバックヤードで求められるソフトスキルへの支援

事例6　タケシ
余暇（休憩時間）に求められる対人スキルへの支援

事例7　タツオ
高齢者介護に求められるスキルへの支援

事例8　ショウ
フォーマルアセスメントを活用した自己理解を深める支援

事例9　現場実習における課題と自立活動との関連

事例10　「地域でのチェックリスト」（宇都宮版）の開発

※名前は全て仮名

事例1　ナホコ

> 事務機器を安全に使用できる
> スキル獲得に向けた支援

1　対象者の特性と進路指導の方向性

知的障害特別支援学校高等部3年，女子。

3歳時に言葉での指示が理解しにくい様子がみられた。6歳時に自閉症と診断され療育手帳（B2）を取得した。療育手帳とは，知的障害の程度を，軽度（B2：軽度の知的障害でIQ〈Intelligence Quotient，以下「IQ」〉51～75），中度（B1：中度の知的障害でIQ36～50），中度（A2：中度の知的障害でIQ36～50であり，3級以上の身体障害を合併している），重度（A1：重度の知的障害でIQ35以下）の4段階に区分設定したもので，IQの数値が取得条件となる。

WAIS-Ⅲ（Wechsler Adult Intelligence Scale-Third Edition，以下「WAIS-Ⅲ」）検査結果は，全検査IQ（Full scale IQ，以下「FIQ」）64，言語性IQ（Verbal IQ，以下「VIQ」）70，動作性IQ（Performance IQ，以下「PIQ」）62であった。

小学校および中学校は特別支援学級に在籍した。中学校1年時に不適応が原因となり不登校となったが，徐々に出席日数が増えて毎日登校できるようになった。高等部においては，責任感が強く何事も最後まで自分の力でやろうと努力する様子がみられた。

ナホコは一般就労を目指し，卒業後は将来的に一人暮らしをして家族から独立した生活を希望している。高等部1年時より，事務補助業務を中心とした現場実習を重ねている。

2 事前調査と支援の方向性

事前調査として,TTAPの2つの検査を実施した。

1)「TTAPフォーマルアセスメント」の実施と結果

まずは「TTAPフォーマルアセスメント」を実施した。その結果が**図1**である。

直接観察尺度では,職業行動,余暇スキル,機能的コミュニケーション,全

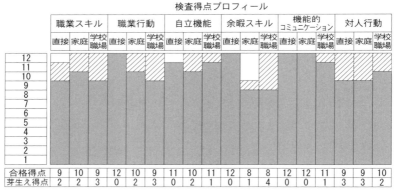

図1 「TTAPフォーマルアセスメント」の結果

ての項目で合格，職業スキル，対人行動で芽生えが高い。家庭尺度，学校／事業所尺度では，職業スキル，職業行動，余暇スキル，対人行動で芽生えや不合格がみられた。なお，図中の，直接は直接観察尺度〈直接アセスメント〉，家庭は家庭尺度〈居住場面〉，学校職場は学校／事業所尺度〈学校／職場場面〉の略である（以下，事例2〜8まで同じ）。

それぞれの6領域別にみられた結果は，**表1**のとおりである。

表1　行動観察における領域別の結果の一部

職業スキル
直接観察尺度では，課題全般の理解はある程度できており，言葉での指示や示範をみて，検査に取り組むことができていた。

職業行動
直接観察尺度では，全ての項目で合格である。検査全般の様子より，座った状態で一定の時間内であれば，落ち着いて課題に取り組み，担当者の指示を素直に聞いて検査を行うことができていた。

自立機能
直接観察尺度では，「34.（項目番号，以下同じ）．カレンダーの使用」が不合格であった。家庭尺度では，「89．新しい課題を行う」「90．時間差のある指示に従う」において芽生えがみられた。

余暇スキル
直接観察尺度では，全ての項目で合格であった。

機能的コミュニケーション
直接観察尺度，家庭尺度共に全ての項目で合格であった。学校／事業所尺度では，「199．形，色，文字，数字の名前を理解する」において芽生えがみられた。

対人行動
直接観察尺度では，「62．自ら適切なあいさつをする」「65．自己抑制ができる」「71．会話への集中」において芽生えがみられた。

2）「地域でのチェックリスト」の実施と結果

「TTAPフォーマルアセスメント」の結果から，ナホコの職業に対する能力や強みを把握したが，それらと実際の現場実習先との適合性をスクリーニングする目的で，「TTAPインフォーマルアセスメント」の一つである「地域でのチェックリスト」を実施した。

「地域でのチェックリスト」は，ASD児者を生産的な雇用に導く5つの主要な職業領域（事務，家事，倉庫／在庫管理，図書，造園／園芸）において獲得しているスキルを把握することができるアセスメントである。結果は，**表2**のとおりである。

この結果，ナホコの獲得しているスキルの割合は，事務（88％），家事（78％），倉庫／在庫管理（33％），図書（83％），造園／園芸（42％）であり，事務における獲得スキルが一番高いことがわかる。

3）結果から考える

以上の結果を併せて検討し，ナホコの職種に対する適性をもとにして進路指導を行った。本人の希望も踏まえ，百貨店総務課（事務補助業務）で現場実習を実施することになった。

表2 「地域でのチェックリスト」の結果

事務	家事	倉庫/在庫管理	図書	造園/園芸
☑パソコンの使用	☑ほこり払い	☑在庫品調べ	☑カード目録の使用	☑じょうろやホースでの植物の水やり
☑ワープロの使用	☑掃除機がけ	☑品物の特定	☑本を探すための本棚の見渡し	☑除草
☑データ入力	☑ほうき・ちり取りがけ	☑注文受け	☑本の配置	□植物の鉢植え
☑タイプ：原稿修正	☑モップがけ	□箱からの品物詰め	☑書架棚の認識	☑穴掘り
☑ファイル	☑テーブル拭き	□箱への品物詰め	☑返却された本のカードの差し替え	□道具の運搬
☑数字による分類	☑窓と鏡の掃除	□ラベルを前にして棚への陳列	☑参考文献の検索と使用	□芝刈り
☑文字による分類	☑清掃場所の確認	□荷物の持ち上げ		□草刈り機の使用
☑コピー機の使用	☑清掃用具の確認	□ラベルと値札づけ		□種まき
☑用具そろえ	☑洗濯機の使用	□貯蔵と積み重ね		☑落ち葉集め
☑封筒への用紙詰め	☑乾燥機の使用	□物の収納		☑野菜の採取
☑電話帳の使用	☑洗濯物たたみ	☑品物集め		□生垣刈り
☑電話の応答	□リサイクル品の分類	□テープ貼りと郵送		□容器での水やり
☑はさみの使用	☑ベッドメイキング			
□文書のシュレッダーがけ	□レシピを使った食事の用意			
☑名刺ホルダーへの名刺の整理	□カットとスライス			
□スキャナーの使用	☑電子レンジの使用			
☑ラミネート	□電気やガスのレンジの使用			
	□安全手順に従う			
	☑ポット用流し台の使用			
	□食器洗い機の使用			
	☑きれいな皿と汚れた皿の確認			
	☑未使用の皿の分類と収納			
	☑調味料詰め			
	☑トレイからの品物の除去			
	☑レジ係			
	☑他の人への食べ物の給仕			
	☑手袋はめ			

(☑：合格, □：不合格)

3 現場実習

いよいよ現場実習である。

事前調査の結果を踏まえて,「TTAPインフォーマルアセスメント」の「地域での実習現場アセスメントワークシート」および「毎日の達成チャート」を実施し,現場実習期間中にどの程度望ましいスキルを獲得することができるかを確認していく。

1)「地域での実習現場アセスメントワークシート」の実施と結果

「地域での実習現場アセスメントワークシート」は,現場実習の初日と最終日に行う。初日に行った結果が,**表3**である。

現場実習で生徒が実施する個々の作業課題で必要とされるスキルを,「地域での実習現場アセスメントワークシート」の左側の仕事の内容の項目に記録する。教員は,個々の課題の各ステップに関して,生徒の実行レベルを合格,芽生え,不合格で記す。もし,スキルが芽生えならば,スキルが高い芽生え(スキル獲得をする上で自立に近い)であるか,低い芽生え(スキル獲得において援助を必要とする)であるかを記入する。

2)「毎日の達成チャート」の実施と結果

現場実習中にどの程度望ましいスキルを獲得することができたかを確認するために,「毎日の達成チャート」を採用し,巡回指導を行う。

「毎日の達成チャート」も「TTAPフォーマルアセスメント」と同様に6つの機能領域に分けられ,採点システムも同じである。

現場実習における実習内容を,「TTAPフォーマルアセスメント」と同様に,6つの機能領域に分け,具体的な内容を記入し,実習の様子を評価する。構造化/設定の欄は実習内容を行う際に気をつける点を記入する。また,コメント

表3 「地域での実習現場アセスメントワークシート」(初日) の結果

仕事の内容（作業） 目標（作業課題が目標となるならチェック）	実行レベル 合格	実行レベル 芽生え（高か低で記述し，その基準も明記）	実行レベル 不合格	芽生えスキルに関して行ったあらゆる作業の修正点，視覚的構造化，指導方法についての記述
・請求伝票の確認印を押す作業	✓	・メモを使用しての確認。		・押印する場所を確認しながら，確実に作業を進めていくことができた。
✓・ファイリングのための穴あけ		高・複数枚開けるときの後ろの用紙への注意。		・源泉徴収票をファイルするため，パンチで5枚ずつ穴を開ける。 ・一番下の紙がずれているときがあり，穴がずれてしまう。
・シュレッダー	✓			・シュレッダーをストップさせるときに，主電源でON，OFFの切り替えをしていた。指示を聞き手元のスイッチで切り替え修正ができた。
✓・安全意識		高・裁断口に指先を置く様子がみられた。		・安全面に関する確認が必要である。
・会計シート配布			✓	・アルファベットと番号の書いてある伝票を，ポストのネームプレートと照合してポストに入れる仕事では，ローマ字が読めず片仮名表記の店舗のポストに入れることができなかった。
✓・紙の弁別（A4, A3, B4） ✓・安全意識		高・裁断口に指先を置く様子がみられた。		・B4，A3の用紙やポスターをA4にカットしてから裁断をする。

合　格＝手助けを必要としない／自立している，芽生え（高か低）＝手助けがあってできる
不合格＝作業のどの部分も完成できない

は実際の取り組みの様子を記入する。

巡回指導では特に芽生えの部分への支援を中心に行うことになるので，現場実習の初日に行った「地域での実習現場アセスメントワークシート」で見いだされた高い芽生えレベルにある特定の職業スキルを，「毎日の達成チャート」の職業スキルの項目に転記する。

転記した項目は，①ファイリングのための穴あけ，②シュレッダー業務，③紙の弁別，の3点である。その他に，実習初日のアセスメント結果から，実習期間中に重要だと思われる，職業行動／自立機能スキル，余暇スキル，コミュニケーションスキル，対人スキルも転記した。また，1日目，7日目，11日目に巡回した教員は，選定した目標に関して，ナホコの仕事の実施状況を記入した。その結果が表4である。

以下に，「毎日の達成チャート」の各領域における結果を示す。

①職業スキル

請求伝票の確認印を押す作業の際，押印箇所を確認しながら，正確に業務を進めることができた。シュレッダー業務は，主電源と切り替え電源等の使用方法が一定しておらず，主電源を切る様子が何度かみられたので，仕事を開始する際に機械操作の手順を毎回確認することにした。その後は，主電源と切り替え電源の使い分けを覚え，機械を操作することができるようになった。しかし，裁断口に指先を置くこともあったため，安全意識をしっかりと身につけることが必要であった。

用紙サイズ別の効率のよい処理方法等は，担当者の言葉かけと確認が必要であった。印刷機とコピー機の使い分けは，担当者の付き添いと示範が必要であった。書類のファイリングでは，前後の書類と穴開けの位置が異なり，綴じ込みに際して確認が必要であった。

書類のホチキス止めの位置が左右反対になることが多かったので，見本を提示したが，それでもミスが続いたため，ホチキスの持ち方の統一と，綴じ込み書類の持つ位置を確認した。

表4 「毎日の達成チャート」の結果

	実習内容	日数 1	日数 7	日数 11	構造化/設定	コメント
職業スキル	・請求伝票の確認印を押す作業	P	P	P	・メモを使用しての確認。	・押印する場所を確認しながら，確実に作業を進めていくことができた。
	・ファイリングのための穴あけ	EH	EH	EH	・複数枚開けるときの後ろの用紙への注意。	・源泉徴収票をファイルするため，パンチで5枚ずつ穴を開ける。一番下の紙がずれているときがあり，穴がずれてしまう。
	・シュレッダー業務	P	P	P		・シュレッダーをストップさせるときに，主電源でON, OFFの切り替えをしていた。指示を聞き，手元のスイッチで切り替え修正ができた。 ・裁断口に指先を置く様子がみられた。 ・安全面に関する確認が必要である。
	・会計シート配布	EL	EL	EH		・アルファベットと番号の書いてある伝票を，ポストのネームプレートと照合してポストに入れる仕事では，ローマ字が読めず片仮名表記の店舗のポストに入れることができなかった。
	・紙の弁別 (A4, A3, B4)	EH	EH	P		・B4，A3の用紙やポスターをA4にカットしてから裁断をする。
	・ホチキス止め	EL	EL	EL	・見本。 ・ホチキスの持ち方の統一。 ・綴じ込み書類を持つ位置の確認。	・書類のホチキス止めの位置が左右反対になることが多かった。 ・見本を提示したが，それでもミスが続いた。
職業行動/自立機能	・注意された内容をメモする	P	P	P	・繰り返しの練習。 ・見本の提示。	・実習連絡帳に仕事内容や注意を受けたことをメモすることができた。 ・話の内容を聞き取りながら，メモを取ることが難しい。
	・仕事のペース配分	F	F	F		・作業に一生懸命になると，周囲のことが目に入らなくなることが多い。 ・ペース配分が速く，息切れが心配される。また，周囲を疲れさせてしまう可能性がある。
	・清掃	EL	EL	EL	・担当者の言葉かけ。	・清掃を時間内に終了することはできるが，抜けがあり担当者の確認が必要である。
余暇スキル	・従業員との昼食	P	P	P		・従業員といろいろな話をしながら食事をすることができた。
コミュニケーション	・従業員との会話	P	P	P	・昼食時間。	・他の女性従業員一緒にお昼を食べる。緊張しないで自分のことを話すことができた。
	・総務課内のあいさつ	EL	EL	EH	・担当者の言葉かけ。	・担当者の問いかけに，あわてて内容を理解しないまま「はい」と答えていた。 ・12時30分出勤の職員に，「こんにちは」とあいさつしてしまうことが何度かみられた。
対人スキル	・指示理解 ・担当者の名前	P EL	P EL	P EL		・仕事の指示に関しては，しっかり理解することができていた。 ・担当者の名前は言えていたが，他のスタッフの名前を覚えていない。

P(Pass)＝合　格，EH(Emerge High)＝高い芽生え，EL(Emerge Low)＝低い芽生え
F(Fail)＝不合格，NM(Not Measured)＝検査されていない

②職業行動／自立機能

　実習連絡帳に，仕事内容や担当者からの注意点をメモすることができた。仕事のペース配分については，他の従業員の言葉かけが必要であったので，不合格である。また，業務が増えると緊張してしまい，担当者の言葉かけに対してきちんと返事ができない様子もみられた。

③余暇スキル

　昼食を他の従業員と一緒にとり，会話を楽しむ様子もみられた。また，用事を告げてから仕事場を離れることができるようになった。

④対人スキル

　言葉による指示を理解し，業務を続けることができた。朝礼のときに，上司の役職名と名前を覚え，あいさつができるように練習した。この結果，報告をする回数が多い課長については，報告時に役職名を正確に言うことができるようになった。しかし，課長以外の上司に対しては，顔をみて報告や確認を行うことはできていたのだが，名前に役職名をつけることを忘れてしまったり，役職名だけで名前を忘れてしまったりすることが何回かあったので，低い芽生えである。

3）「地域での実習現場アセスメントワークシート」の実施と結果

　現場実習最終日にも「地域での実習現場アセスメントワークシート」を実施した。その結果が**表5**である。

　会計シート配布については，実習初日は不合格であったが，店舗の一覧表と店内地図を作成し，確認をすることをとおして，見通しを持ち，間違いを減らすことができた。

　書類のホチキス止めについては，ホチキスと書類の持ち方を確認したが，間違いが多く，修正を求められることが多かったので，低い芽生えである。

　仕事のペース配分については，従業員の言葉かけがあっても，改善することができず，不合格であった。

表5 「地域での実習現場アセスメントワークシート」(最終日)の結果

仕事の内容(作業) 目標(作業課題が目標となるならチェック)		実行レベル			芽生えスキルに関して行ったあらゆる作業の修正点,視覚的構造化,指導方法についての記述
		合格	芽生え(高か低で記述し,その基準も明記)	不合格	
	・請求伝票の確認印を押す作業	✓	・メモを使用しての確認。		・押印する場所を確認しながら,確実に作業を進めていくことができた。
✓	・ファイリングのための穴あけ		高・複数枚開けるときの後ろの用紙への注意。		・源泉徴収票をファイルするため,パンチで5枚ずつ穴を開ける。 ・一番下の紙がずれているときがあり,穴がずれてしまう。
	・シュレッダー	✓			・シュレッダーをストップさせるときに,主電源でON,OFFの切り替えをしていた。指示を聞き,手元のスイッチで切り替え修正ができた。
✓	・安全意識		高・裁断口に指先を置く様子がみられた。		・安全面に関する確認が必要である。
✓	・会計シート配布		高・事前に店内地図を確認する学習を取り入れたり,実際の配布の際に確認することで徐々に間違いが減ってきた。		・伝票を配布する必要がある店舗の一覧表と店内地図を作成し,確認をした。
✓	・紙の弁別(A4, A3, B4)				・B4,A3の用紙やポスターをA4にカットしてから裁断をする。
✓	・安全意識		高・裁断口に指先を置く様子がみられた。		
✓	・書類のホチキス止め		低・ホチキス止めの位置が左右反対になり修正を求められた。		・ホチキスの持ち方の統一と,綴じ込み書類の持つ位置を確認した。
	・仕事のペース配分		・作業に一生懸命になると,周囲のことが目に入らないことが多い。 ・ペース配分が早く,息切れが心配される。	✓	・他の従業員の言葉かけ。
✓	・あいさつ,報告		低・上司の役職名をつけてあいさつすることを忘れてしまうことがある。		・朝礼の際に,上司の役職名と名前を覚えてあいさつする練習を行った。

合 格=手助けを必要としない/自立している,芽生え(高か低)=手助けがあってできる
不合格=作業のどの部分も完成できない

4　考察

　今回の実習が始まる前に，現場実習担当者と教員とで「TTAPフォーマルアセスメント」を実施することで，合格となった項目より導き出した本人の強みの確認と芽生えの項目を中心に，具体的な支援方法について一緒に確認をすることができた。その結果，タスクリストの掲示や書類ホチキス止めの示範の提示，休憩時間の設定等，ナホコの特性に合わせた業務内容や具体的な支援方法等について共通理解を図ることができた。

　シュレッダー業務は，仕事を開始する際に機械操作の手順を毎回確認することで機械を操作することができるようになったが，裁断口に指先を置くこともあったため，安全意識を身につけることが必要であった。

　今後は，事務機器や道具等を実際に使用する際に，どのような使い方をしているのか，課題となる点はどこなのか，安全面に気をつける点はどこか等の確認を行い，日頃の授業や学習活動等においても，適切な使用の仕方や安全面への配慮等について，小学部，中学部の段階から指導を系統的に積み重ねていく必要がある。また，安全教育に関する全体計画などを作成し，就労先から求められる内容についても計画の中にしっかり位置づけていく必要がある。

　事務の職種に関しては，使用する情報機器が時代によって大きく変化することが考えられることから，現場実習等において各事業所が活用している機器等について情報収集しながら，常に把握しておく必要がある。

事例2　リサ

> 作業学習調理接客班から
> スーパーマーケットバックヤードへの
> 移行支援

1　対象者の特性と進路の希望

　知的障害特別支援学校高等部3年，女子。

　療育手帳（B2）を取得している。

　WAIS-Ⅲの検査結果は，FIQ64，VIQ70，PIQ62，言語理解76，知覚統合68，作動記憶88，処理速度57であった。言語性下位検査では評価点3〜11の範囲に分布し，語音整列が最も高い。一方，動作性下位検査では評価点2〜7の範囲に分布し，行列推理が高い。

　家事や食品に興味があり，食品製造関係業務への就労を希望している。

2 事前調査と支援の方向性

事前調査として，TTAPの2つの検査を実施した。

1）「TTAPフォーマルアセスメント」の実施と結果

まずは「TTAPフォーマルアセスメント」を実施した。その結果が図1である。
直接観察尺度では，職業スキルの全ての項目に合格している。また，職業行

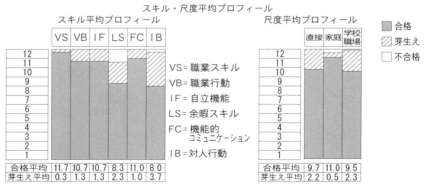

図1 「TTAPフォーマルアセスメント」の結果

動，自立機能，余暇スキル，対人行動において芽生えが多くみられた。家庭尺度，学校／事業所尺度では，余暇スキル，対人行動に芽生え，不合格がみられた。それぞれの6領域別にみられた結果は，**表1**のとおりである。

表1 行動観察における領域別の結果の一部

職業スキル

直接観察尺度では，12項目全て合格である。緊張している様子もみられたが，指示をよく聞き，検査を進めることができた。「7．（項目番号，以下同じ）旅行キットパッケージング」では，間違いがなく，5セットを正確に時間内に完成させることができた。「8．アルファベットのカード」と「11．カップとスプーンによる計量」では，検査項目の内容を処理する時間が短く正確に行っていた。

職業行動

直接観察尺度では，「21．必要なときに援助を求める」において，混乱してボルトを要求できないことがあった。「23．中断されたときの許容」では，中断は許容できるが，作業に従事する際に不安をみせることがあった。

自立機能

直接観察尺度では，「33．メッセージの伝達」「35．文字で書いてチェックする」など，合格しているが検査内容がよく理解できず，疑問を持ちながら取り組むなど，検査中に「意味がわかりません」など抵抗を示す言動がみられた。

余暇スキル

直接観察尺度では，「41．トランプゲーム」の順番を守る活動において間違いがみられた。「42．バスケットゲーム」では，ボールを投げるときに，促すことが必要であった。「46．余暇活動への要求とワークシステムへの反応」では，作業終了を示しても活動を終了することができなかった。

機能的コミュニケーション

直接観察尺度では，「54．必要なコミュニケーションスキル」において，欲しいものを伝えることはできるが継続的ではなかった。「57．自発的コミュニケーション」では，自ら話し始めることはない。

対人行動

直接観察尺度では，検査項目全体をとおして，芽生えが多くみられた。一対一で検査を行うことに気持ちの乱れはない様子であった。「69．適切な対人交渉における身体的接触」においては，緊張が伴うことが多くみられた。また「70．協力してゲームを楽しむ」では，相手との関わりに対する反応が鈍かった。

2）「地域でのチェックリスト」の実施と結果

「TTAPフォーマルアセスメント」の結果から，リサの職業に対する能力や強みを把握したが，それらと実際の現場実習先との適合性をスクリーニングする目的で，「TTAPインフォーマルアセスメント」の一つである「地域でのチェックリスト」を実施した。結果は，**表2**のとおりである。

この結果，リサが獲得しているスキルの割合は，事務（53％），家事（96％），倉庫／在庫管理（67％），図書（33％），造園／園芸（75％）であり，家事における獲得スキルが一番高いことがわかる。

3）結果から考える

以上の結果から，対人面に課題がみられたため，学校での作業学習や現場実習事前学習等で，職場で必要とされる対人スキルを学習することにより，現場実習をスムーズに行えるようにする必要があると考えた。指導目標および指導の手だてを以下のように検討し，作業学習および現場実習にて支援を行うこととした。

（1）指導目標

①作業学習（調理接客班）

本人に合わせた接客マニュアルを作成し活用することで，接客時における人との距離の取り方や気配り等，対人関係スキルの向上を図ることができるようにする。

②現場実習（スーパーマーケットバックヤード）

職場や地域社会の中で必要とされる対人関係スキルを身につけることができるようにする。

（2）指導の手だて

① 調理接客班において対人スキルを中心とした接客マニュアルの作成を行い，作業環境を整えた授業を実践する。

表2 「地域でのチェックリスト」の結果

事務	家事	倉庫／在庫管理	図書	造園／園芸
☑パソコンの使用	☑ほこり払い	☑在庫品調べ	☐カード目録の使用	☑じょうろやホースでの植物の水やり
☑ワープロの使用	☑掃除機がけ	☐品物の特定	☐本を探すための本棚の見渡し	
☑データ入力	☑ほうき・ちり取りがけ	☐注文受け		☑除草
☐タイプ：原稿修正	☑モップがけ	☑箱からの品物詰め	☑本の配置	☑植物の鉢植え
☑ファイル	☑テーブル拭き		☑書架棚の認識	☑穴掘り
☑数字による分類	☑窓と鏡の掃除	☑箱への品物詰め	☐返却された本のカードの差し替え	☑道具の運搬
☑文字による分類	☑清掃場所の確認	☑ラベルを前にして棚への陳列		☐芝刈り
☑コピー機の使用	☑清掃用具の確認	☑荷物の持ち上げ	☐参考文献の検索と使用	☐草刈り機の使用
☐用具そろえ	☑洗濯機の使用	☑ラベルと値札づけ		
☑封筒への用紙詰め	☑乾燥機の使用			☑種まき
	☑洗濯物たたみ	☐貯蔵と積み重ね		☑落ち葉集め
☐電話帳の使用	☑リサイクル品の分類	☑物の収納		☑野菜の採取
☐電話の応答	☑ベッドメイキング	☑品物集め		☐生垣刈り
☑はさみの使用	☑レシピを使った食事の用意	☐テープ貼りと郵送		☑容器での水やり
☐文書のシュレッダーがけ	☑カットとスライス			
☐名刺ホルダーへの名刺の整理	☑電子レンジの使用			
☐スキャナーの使用	☑電気やガスのレンジの使用			
☐ラミネート	☑安全手順に従う			
	☑ポット用流し台の使用			
	☑食器洗い機の使用			
	☑きれいな皿と汚れた皿の確認			
	☑未使用の皿の分類と収納			
	☑調味料詰め			
	☑トレイからの品物の除去			
	☐レジ係			
	☑他の人への食べ物の給仕			
	☑手袋はめ			

（☑：合格，☐：不合格）

② 現場実習時および事前事後学習において，対人関係スキルに関する指導内容や支援方法を検討する。

3　指導・支援の実際

1）作業学習

　調理接客班に所属して作業学習を行った。基本的な衛生面の管理，適切なあいさつや言葉づかいを身につけると共に，課題となっている対人面におけるスキル獲得を目的とした練習を行う機会を多く持つようにした。

　お茶を見本通りに提供する作業はある程度身についており，下級生に数量や種類の指示を出すことができていた。しかし，教員をお客に見立てての活動では不安が生じたので，トレイに記載された接客の文言を順序通りに読み上げて，注文の取り方について確認をした。

　本人の反省としては「紅茶をこぼさずうまく運ぶことができた。また，お茶出しを繰り返すうちに接客の仕方が良くなった。反省点は接客するときの言葉づかいを変えてしまった。態度が少し良くなかった。ハーブの効能を聞かれたときに説明のやり方がわからず困った」と，緊張しながらも接客時の自分の言動や混乱を客観視できる様子がみられた。

　また，作業学習においてどの程度望ましいスキルを獲得することができたかを確認するために，現場実習の1日目，5日目，7日目の3回，「毎日の達成チャート」を行った。

　その結果が，表3である。

　家庭内での調理経験と本人の調理に対する関心の高さもあり，職業スキルはほぼ達成していた。ドリンクの提供では，ホットとコールドの基本的なお茶入れは手順表とオーダー票を確認しながらほぼ正確に行うことができた。また，コーヒーについてはコーヒーメーカーを使用し，お客様の人数に合わせて豆の分量を変えることができた。文字による指示を読み取り，カップとスプーンによる計量を正確に行える様子は，TTAPの検査項目（11番，58番，72番）等の達

成レベルからも，本人の能力や特性を十分発揮できる作業内容を考える必要がある。

機能的コミュニケーションにおいては高い芽生えがみられたが，お客や担当者から言われた言動そのものに戸惑いや不安感を抱いている様子が多くみられたので，課題に対する改善策を確認した。

課題に対する改善策を表4に示す。

表3 「毎日の達成チャート」の結果

実習内容	日数 1	日数 5	日数 7	構造化/設定	コメント
職業スキル					
・全品目のお茶入れ	P	P	P	・コーヒー分量表の貼付。	・人数分に合わせてドリップできた。
・接客全般	P	P	P		・マニュアルなしで接客できた。ていねいに行うことができた
職業行動/自立機能					
・下膳	EL	EL	EH		・お客様が飲んでいる最中に，ミルクのポーションを片づけていた。
余暇スキル					・特になし。
コミュニケーション					
・スタッフ同士のやりとり	EH	EH	P	・オーダー票の提示。	・オーダーを取った後，「○○ホットでオーダー入りました」と報告することができていたが，担当テーブルで注文の品が届かない場面があった。
対人スキル					
・接客用語	P	P	P		・顔を見てあいさつができた。

P(Pass)＝合　格，EH(Emerge High)＝高い芽生え，EL(Emerge Low)＝低い芽生え
F(Fail)＝不合格，NM(Not Measured)＝検査されていない

表4 課題に関する改善策

困った場面	改善策
コーヒーの濃度の説明を求められた場面。	濃度別の分量表の提示。
灰皿を要求されたこと。	教員に確認する。
お客様の質問を受ける場面。	質問内容をメモで残し，対応する。

2）現場実習

リサの職種に対する適性をもとにして進路指導を行い，スーパーマーケットバックヤードで現場実習を実施した。

おもな仕事は，そうめんや麺類のパック詰め，お弁当と盛りつけ，シール貼り，海鮮丼作り，品出し等であった。以上のように，食器洗浄や調理補助の仕事が主であったが，調理時間や調理手順，計量の表示等，作業種別に見やすい表示が工夫されていた。

以下に，現場実習での6つの機能領域ごとの様子を示す。

①職業スキル

担当した作業については，各作業工程を理解し，ていねいに行うことができた。また，従業員の様子もよく観察し，作業効率について努力する様子が多くみられるようになった。

仕事を進める際，手順を本人が自分でわかりやすいように工夫するなど，どうすれば効率的に仕事ができるかを考えながら取り組むことができた。

②職業行動／自立機能

"毎日休まないで遅れないように出勤すること"ができない日があった。今後は，実習中の家での過ごし方も含め，時間の使い方等を一緒に検討する必要がある。

③余暇スキル

休憩中に，わかりやすいように自分用のレシピを準備するなどの時間の使い方ができた。

④コミュニケーション・対人スキル

対人面で，報告や指示を受ける際に苦手さがみられ，自分で判断して仕事を進めることが多くみられた。また，指示された作業工程以外の場面において，報告や確認，状況を理解することに支援が必要な場面も多くみられた。

また，周囲の視線を過剰に意識してしまい，担当者への言葉かけを躊躇して

しまう点等も課題となっている。

今後は現場実習中に課題となった，対人関係面におけるスキル学習を積み重ねていく必要がある。

現場実習での様子

4　考察

　「TTAPフォーマルアセスメント」の活用では，3尺度からのアセスメントを行うことで，総合的にリサの特性を捉えることができた。また，家庭尺度と直接観察尺度および学校／事業所尺度間に差異がみられたので，各環境下での行動の様子からそれぞれの場面での支援について検討し，獲得しているスキルを般化させる支援が必要である。

　「TTAPインフォーマルアセスメント」の活用では，「毎日の達成チャート」を活用し記録をつけることで，実習の内容や課題となった仕事などのデータを集めたり，実習期間での成長と獲得できたスキルおよび獲得できなかったスキルを把握したりすることができた。

　以上のようなことから，作業学習および現場実習時における生徒個人のアセスメントと職場環境のアセスメントに重点を置き，職業的自立に必要な対人関係スキルとはどのようなものかを個別に検討し，そのようなスキルを学校在学中に獲得することを目標とした個別移行支援計画の在り方を検討することが今後の課題である。

事例3　コウジ

> 視覚支援の充実した職場環境で
> 自分の強みを発揮するための支援

1　対象者の特性と進路の希望

　知的障害特別支援学校高等部3年，男子。

　乳児期における身体発育は良好であったが，幼児期に発語の遅れがみられ，5歳のときに医療機関にて自閉症と診断され，療育手帳（B2）を取得している。

　小学校および中学校では特別支援学級に在籍した。言葉による指示を理解し，正確に行動に移すことができるが，語彙数が少ないため，的確に自分の意思を伝えることができず，トラブルに巻き込まれる場面が多くみられた。

　WAIS-Ⅲの検査結果は，FIQ50，VIQ49，PIQ58であった。

　進路としては，調理関係の職種を希望している。

2　事前調査と支援の方向性

事前調査として，TTAPの2つの検査を実施した。

1）「TTAPフォーマルアセスメント」の実施と結果

まずは「TTAPフォーマルアセスメント」を実施した。その結果が図1である。
直接観察尺度では，自立機能，対人行動の全ての項目に合格している。また，

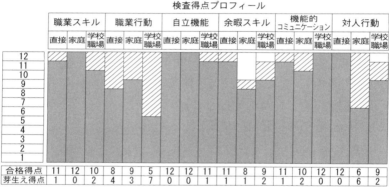

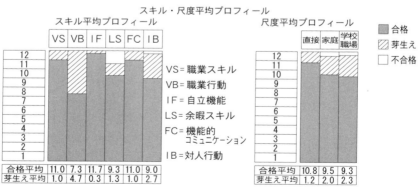

図1　「TTAPフォーマルアセスメント」の結果

職業行動において芽生えが多くみられた。家庭尺度，学校／事業所尺度では，職業行動，余暇スキル，対人行動で芽生えが多くみられた。

それぞれの6領域別にみられた結果は，**表1**のとおりである。

表1　行動観察における領域別の結果の一部

職業スキル
直接観察尺度「3.（項目番号，以下同じ）絵カードを用いた部品の収納」で芽生えがみられた。家庭尺度は，全ての項目で合格であった。これらのことから，職業スキルは高く，機械や道具の操作もある程度行えると思われる。

職業行動
直接観察尺度「13. 封入作業」「15. 音による課題への集中」「17. 生産性」「20. 次の活動への移行」で芽生えがみられた。これらのことから，職業スキルに比べて芽生えが多い。指示を受け入れたり，修正に従ったり，また，数種類の指示を覚えていて行動することが苦手であると思われる。

自立機能
直接観察尺度，家庭尺度は全ての項目で合格であった。学校／事業所尺度「174. 公共の場で適切に行動する」で芽生えがみられた。

余暇スキル
直接観察尺度「44. 雑誌やカタログを読む」で芽生えがみられた。余暇スキルでは他の人と協調することは芽生えであるが，一人で自由時間を過ごすことができ，各種催し物への興味もある。また，一人で本屋，理髪店，ファストフード店等を利用することもできる。

機能的コミュニケーション
直接観察尺度「60. 電話メッセージの録音」で芽生えがみられた。機能的コミュニケーションでは，どうすればよいか理解している場面ではコミュニケーションを図ることができるので，電話のメッセージなどあまり経験がないものは苦手であると思われる。

対人行動
直接観察尺度は全ての項目で合格であったが，家庭尺度が低いことがわかる。慣れている場所であったり，親や友達など親しい人との間では，適切なマナーやルールを忘れがちになるのではないかと思われる。

2）「地域でのチェックリスト」の実施と結果

「TTAPフォーマルアセスメント」の結果から，コウジの職業に対する能力や強みを把握したが，それらと実際の現場実習先との適合性をスクリーニングする目的で，「TTAPインフォーマルアセスメント」の一つである「地域でのチェックリスト」を実施した。結果は，**表2**のとおりである。

この結果，コウジが獲得しているスキルの割合は，事務（65％），家事（89％），倉庫／在庫管理（83％），図書（50％），造園／園芸（75％）であり，家事における獲得スキルが一番高いことがわかる。

3）結果から考える

以上の結果から，指示理解の面で多くの支援が必要であることがわかる。そこで，視覚支援が充実し，マニュアル等で仕事を理解し，自分で進めていくことができる職場環境が求められると考えた。また，本人の希望や職種に対する適性も考慮した。

その結果，ファミリーレストラン等は，パートやアルバイトが多く勤務し，マニュアル化も進んでいることから，ハンバーグレストランでの実習となった。

表2 「地域でのチェックリスト」の結果

事務	家事	倉庫/在庫管理	図書	造園/園芸
☑パソコンの使用	☑ほこり払い	☑在庫品調べ	☐カード目録の使用	☑じょうろやホースでの植物の水やり
☐ワープロの使用	☑掃除機がけ	☑品物の特定		
☑データ入力	☑ほうき・ちり取りがけ	☐注文受け	☐本を探すための本棚の見渡し	☑除草
☐タイプ:原稿修正	☑モップがけ	☑箱からの品物詰め	☑本の配置	☑植物の鉢植え
☑ファイル	☑テーブル拭き		☑書架棚の認識	☑穴掘り
☑数字による分類	☑窓と鏡の掃除	☑箱への品物詰め	☑返却された本のカードの差し替え	☑道具の運搬
☑文字による分類	☑清掃場所の確認	☑ラベルを前にして棚への陳列		☐芝刈り
☑コピー機の使用	☑清掃用具の確認	☑荷物の持ち上げ	☐参考文献の検索と使用	☑草刈り機の使用
☑用具そろえ	☑洗濯機の使用	☑ラベルと値札づけ		☑種まき
☑封筒への用紙詰め	☑乾燥機の使用			
	☑洗濯物たたみ	☐貯蔵と積み重ね		☑落ち葉集め
☐電話帳の使用	☑リサイクル品の分類	☑物の収納		☑野菜の採取
☐電話の応答	☑ベッドメイキング	☑品物集め		☐生垣刈り
☑はさみの使用	☐レシピを使った食事の用意	☑テープ貼りと郵送		☑容器での水やり
☑文書のシュレッダーがけ	☑カットとスライス			
☑名刺ホルダーへの名刺の整理	☑電子レンジの使用			
☐スキャナーの使用	☑電気やガスのレンジの使用			
☐ラミネート	☑安全手順に従う			
	☑ポット用流し台の使用			
	☑食器洗い機の使用			
	☑きれいな皿と汚れた皿の確認			
	☑未使用の皿の分類と収納			
	☑調味料詰め			
	☑トレイからの品物の除去			
	☐レジ係			
	☐他の人への食べ物の給仕			
	☑手袋はめ			

(☑:合格, ☐:不合格)

3　現場実習

いよいよ現場実習である。

事前調査の結果を踏まえて，「TTAPインフォーマルアセスメント」の「地域での実習現場アセスメントワークシート」および「毎日の達成チャート」を実施し，現場実習期間中にどの程度望ましいスキルを獲得することができるかを確認していく。

1）「地域での実習現場アセスメントワークシート」の実施と結果

「地域での実習現場アセスメントワークシート」は，現場実習の初日と最終日に行う。初日に行った結果が，**表3**である。

表3 「地域での実習現場アセスメントワークシート」（初日）の結果

仕事の内容（作業） 目標（作業課題が目標となるならチェック）	実行レベル			芽生えスキルに関して行ったあらゆる作業の修正点，視覚的構造化，指導方法についての記述
	合格	芽生え（高か低で記述し，その基準も明記）	不合格	
✓ ・オーダー票をみて引き出しから肉を出す		高 ・グラムを間違えることがあり，確認が必要であった。		・オーダー票にグラム数で書かれており，肉がグラムごとに分かれて引き出しに入っていて視覚的にわかりやすい。
・右側の鉄板で片面を120秒焼く	✓			・時間のカウントは，肉を鉄板に置いたときにタイマーに触れることで始まる。10秒ごとにランプが点灯したり，120秒経つと音が鳴ったりするので，わかりやすい環境である。
✓ ・鉄板のこげ取り作業		高 ・道具の持ち方。		・道具の持ち方については，視覚的な支援が必要である。
✓ ・秤でサラダの重さを量り，マヨネーズやゴマ，トマトのトッピングをする		高 ・通常のメニューにおいてはできていたが，特別な場合の対応。		・「マヨネーズなし」というメニューにはないオーダーが入ることがあった。このとき，言葉による指示だけでなく，視覚的にわかるものが必要。
✓ ・食洗機の使用		高 ・洗う順番の変更を求められたときの対応。		・店の状況で洗う順番が変わることがある。そのときの指示の仕方。

合　格＝手助けを必要としない／自立している，芽生え（高か低）＝手助けがあってできる
不合格＝作業のどの部分も完成できない

2）「毎日の達成チャート」の実施と結果

初日に行った「地域での実習現場アセスメントワークシート」の結果から，毎日の巡回指導では，特に芽生えの部分への支援を中心に行った。

「地域での実習現場アセスメントワークシート」で見いだされた芽生えレベルにある特定の職業スキルを，「毎日の達成チャート」の職業スキルの項目に転記するようにした。

転記した項目は，①オーダー票をみて肉を出す，②鉄板のこげ取り，③秤でサラダの重さを量り，マヨネーズやゴマ，トマトのトッピングをする，④食器をスポンジで洗い，食洗機にかける，の4点である。その他として，実習初日のアセスメント結果から，実習期間に重要だと思われる職業行動，自立機能スキル，余暇スキル，コミュニケーションスキル，対人スキルを見いだした。

また，1日目，7日目，11日目に巡回した教員は，選定した目標に関して，コウジの仕事の実施状況を記入した。

「毎日の達成チャート」の結果は，**表4**である。

現場実習での様子

表4 「毎日の達成チャート」の結果

実習内容	日数 1	日数 7	日数 11	構造化／設定	コメント
職業スキル					
・オーダー票をみて肉を出す	EH	EH	P	・オーダー票にグラム数で書かれている。 ・肉がグラムごとに分かれて引き出しに入っている。	・職場内および機械等が構造化されており，非常によく仕事に取り組むことができた。
・右側の鉄板で片面を120秒焼く	EH	P	P	・タイマーでのカウント。 ・10秒ごとにランプが点灯したり，120秒経つと音が鳴る。	
・鉄板のこげ取り	EH	EH	EH		・こげ取りの際に，道具の持ち方がうまくできない様子であった。持ち方に指示が必要である。
・秤でサラダの重さを量りマヨネーズやゴマ，トマトのトッピングをする	EH	EH	EH		・メニューにない注文「マヨネーズなし」の際，言葉による指示のため，何度も従業員に確認する様子がみられた。このような注文における指示の方法も検討が必要である。
・食洗機の使用	P	P	P		・バックヤード内の色分けを確認し，一人で食洗機を使用できた。
職業行動／自立機能					
・バックヤード内の移動	EL	EL	EH	・動線の確認。	・移動時に，スタッフとすれ違う際，持っている食材を落としてしまうことがあった。 ・必要な移動に関して，動線をメモで示した。
余暇スキル					
・休憩時の会話	EH	EH	EH		・女性スタッフの問いかけに笑顔でうなずくことができた。
コミュニケーション					
・わからないときに助けを求める	EH	EH	EH		・従業員の方からの指示を忘れてしまった場面においても，「もう一度お願いします」と質問することができていた。
対人スキル					
・担当者の手伝い	EH	EH	EH		・休憩時間に次に行う作業の準備に気づき，担当者の補助業務を行った。

P(Pass)＝合格，EH(Emerge High)＝高い芽生え，EL(Emerge Low)＝低い芽生え，F(Fail)＝不合格，NM(Not Measured)＝検査されていない

3）「地域での実習現場アセスメントワークシート」の実施と結果

現場実習最終日に「地域での実習現場アセスメントワークシート」を実施した（**表5**）。

コウジの担当した作業内容は，①ハンバーグを焼くこと，②サラダの盛りつけ，③トッピング，④食器洗いであった。

ハンバーグレストランでは，ハンバーグを焼くのに，片面を120秒焼くための鉄板と反対側の面を6分焼くための鉄板がある。まず片面を120秒焼くが，鉄板に置いてタイマーに触れると時間のカウントが始まる。10秒ごとにランプが光り，あとどれくらいで終了するのかの見通しが持てるものであった。さらに，終了時には音が鳴るのでとてもわかりやすい仕組みになっていた。その後に，左側にある鉄板に裏返して置き，ふたをして6分焼く。こちらの鉄板では，ふたが色分けされていた。また，6分経ったときに音が鳴るが，ふたごとに音が異なっているので非常にわかりやすくなっていた。ハンバーグを焼く作業は合格であった。

ハンバーグを焼き終わり，皿に盛りつけると鉄板のこげ取りをする。こげをとるための道具を持つ位置が上すぎてうまく力が入らず，芽生えであった。

サラダの盛りつけは，何をどの順番で盛りつければよいのかはわかっていた。しかし，「マヨネーズなし」等のイレギュラーな注文に対して何度も従業員に質問し，作業に取り組むまでに少し時間がかかっていたので，芽生えであった。

食器をスポンジで洗ってから食器洗い機にかける作業はできたが，洗う食器の順番の変更が求められたときに指示を理解できなかったため，芽生えであった。

表5 「地域での実習現場アセスメントワークシート」(最終日)の結果

仕事の内容(作業)	実行レベル			芽生えスキルに関して行ったあらゆる作業の修正点，視覚的構造化，指導方法についての記述
目標(作業課題が目標となるならチェック)	合格	芽生え(高か低で記述し，その基準も明記)	不合格	
・オーダー票をみて引き出しから肉を出す	✓			・オーダー票にグラム数で書かれており，肉がグラムごとに分かれて引き出しに入っていて視覚的にわかりやすい。
・右側の鉄板で片面を120秒焼く	✓			・時間のカウントは，肉を鉄板に置いたときにタイマーに触れることで始まる。 10秒ごとにランプが点灯したり，120秒経つと音が鳴ったりするので，わかりやすい環境である。
✓・鉄板のこげ取り作業		高・道具の持ち方。		・道具の持ち方については，視覚的な支援が必要である。
✓・秤でサラダの重さを量り，マヨネーズやゴマ，トマトのトッピングをする		高・通常のメニューにおいてはできていたが，特別な場合の対応。		・「マヨネーズなし」というメニューにはないオーダーが入ることがあった。そのような場合は，言葉による指示だけではなく，視覚的にわかるものが必要。
✓・食洗機の使用		高・洗う順番の変更を求められたときの対応。		・店の状況で洗う順番が変わることがある。そのときの指示の仕方。
✓・バックヤード内の移動		高・移動時に，スタッフとすれ違う際，持っている食材を落としてしまうことがあった。		・必要な移動に関して，動線をメモで示した。
✓・休憩時の会話		高・女性スタッフの問いかけに笑顔でうなずくことができた。		・休憩時の過ごし方について，具体的な内容を一緒に検討した。
✓・わからないときに助けを求める		高・従業員の方からの指示を忘れてしまった場面においても，「もう一度お願いします」と質問することができていた。		・質問の仕方の確認。

合格=手助けを必要としない/自立している，芽生え(高か低)=手助けがあってできる
不合格=作業のどの部分も完成できない

4　考察

　コウジは自分がいる場所などの位置空間を把握することが難しいため，実習面接時に店内の様子を見学し，店舗の全体像を確認させた。
　バックヤードは，掲示の工夫や作業別のカラー表示など視覚支援が充実した職場環境となっており，安心した様子がみられた。また，実習で使用する食器洗浄機の使い方についても，スタッフから順序立てて説明してもらえたため，使い方を把握することができた。
　職場環境の中で，特にキッチンは構造化されているものが多くみられた。ハンバーグを焼く際に使われる機械は，ふたが色分けしてありそれぞれのふたごとに音が異なっていた。その他に，引き出しには何が入っているのか書かれたシールが貼ってあったり，音やランプで時間を知らせたり，ASD児者であるなしに関わらずわかりやすい構造になっていた。そのため，音や光の合図によってハンバーグを焼くという作業に安心して取り組むことができたと考えられる。
　イレギュラーなオーダーや，店の混雑状況から食器洗いの順番の変更が求められる場面等，実際の職場では状況によってさまざまな変更や要求が出てくる。このような場面に対応できるような，より実際の状況に近い指導が，作業学習等の授業で検討される必要があると考える。

事例4　サユリ

図書館への職場定着に向けた支援

1　対象者の特性と進路指導の方向性

　知的障害特別支援学校高等部卒業生，女子，2X歳，ASD。
　療育手帳（B2）を取得している。
　小学校では特別支援学級に在籍した。特別支援学校中学部入学後は，言葉による指示理解が困難で，特定の友達に対して高圧的な言動を取るなど対人関係面での課題が多くみられ，状況の理解や感情表現等のスキル習得が求められた。その一方で，手指の巧緻性や集中力があり，高い作業能力を示している。
　田中ビネー知能検査Ｖの結果は，IQ54である。
　進路に関しては，本を扱う仕事を希望し，現場実習を重ねながら図書館就労を目指した。卒業時に，障害者職業センターにて重度知的障害者との判定を受け，ジョブコーチの支援を活用することにした。
　進路指導において，主要な移行支援の目標を見いだし，本人の興味と強みを明確にし，家族と学校関係者間の連携を促すための包括的なスクリーニングの役割を果たすことができるTTAPの活用は有効である。特に，「地域でのチェックリスト」は，生徒の持つスキルと各職業領域で必要とされるスキルとの整合性を図ることができることから，現場実習先の検討への活用等が考えられる。この中に"図書"の職業領域が示されているが，本やCDの配架および修繕，返却された本のカード差し替え，参考文献の検索と使用など，ASD児者の強みを活かして取り組める内容が多い。また，求められる対人スキルも比較的少ない職場環境であるため，図書館に就労し自分の特性を活かして，安定した職業生活を送るASD児者が増加している。

52　第2部　事例

今回は，知的障害特別支援学校から図書館就労への適切な移行支援を図ることを目的に，進路指導にTTAPを活用した。

2　事前調査・事前学習

事前調査として，TTAPを実施した。

1）「TTAPフォーマルアセスメント」の実施と結果

まずは「TTAPフォーマルアセスメント」を実施した。その結果が**図1**である。

検査得点プロフィール

	職業スキル			職業行動			自立機能			余暇スキル			機能的コミュニケーション			対人行動		
	直接	家庭	学校職場	直接	家庭	学校職場	直接	家庭	学校職場	直接	家庭	学校職場	直接	家庭	学校職場	直接	家庭	学校職場
合格得点	12	10	12	12	8	11	12	11	10	10	9	8	9	11	11	9	9	7
芽生え得点	0	2	0	0	4	1	0	1	2	2	3	4	3	1	1	3	3	5

スキル・尺度平均プロフィール

スキル平均プロフィール

	VS	VB	IF	LS	FC	IB
合格平均	11.3	10.3	11.0	9.0	10.3	8.3
芽生え平均	0.7	1.7	1.0	3.0	1.7	3.7

VS＝職業スキル
VB＝職業行動
IF＝自立機能
LS＝余暇スキル
FC＝機能的コミュニケーション
IB＝対人行動

尺度平均プロフィール

	直接	家庭	学校職場
合格平均	10.7	9.7	9.8
芽生え平均	1.3	2.3	2.2

■合格　▨芽生え　□不合格

図1　「TTAPフォーマルアセスメント」の結果

直接観察尺度では、職業スキル、職業行動、自立機能の全ての項目に合格している。家庭尺度、学校／事業所尺度で大きな差違はみられなかった。

それぞれの6領域別にみられた結果を**表1**に示す。

表1　行動観察における領域別の結果の一部

職業スキル
直接観察尺度では、課題の飲み込みも早く、作業スピードも速い。しかし、自分のやり方にこだわりを持ち、終了したものを何度もやり直す場面が多くみられた。新しいことでも、指導すればいろいろなことができそうである。家庭尺度では、未経験のことも多いようである。技能は持っているので、今後家庭用品の使い方など経験していくことが必要である。

職業行動
直接観察尺度では、文字で書かれたスケジュールの理解はよくできた。自分の興味に没頭してしまうと、検査に戻るのに少し時間がかかった。

自立機能
直接観察尺度では、課題の飲み込みも早く、全ての項目で合格である。

余暇スキル
直接観察尺度では、人と一緒の遊び方は経験もないのか、あまりわからないようであった。視覚的スキルの強さをゲームのときに必要なスキルに活かして、人と一緒に遊ぶという経験に結びつけていくことも考える必要がある。家庭でもやはり人との遊びの経験が少ない。家庭生活以外の場面でも、自由な時間をうまく過ごせるような支援が求められる。

機能的コミュニケーション
直接観察尺度では、話し言葉の指示や質問もある程度はわかるが、慣れない言葉を使われたり慣れないことを聞かれたりすると理解できなかった。また、言語を多用する課題では混乱してきて、いらいらする様子がみられた。文字で書くとスムーズに伝わるし、難しくて理解できなくても集中して理解しようと努力する姿がみられた。

対人行動
直接観察尺度では、受動的には、人からの関わりを受け入れることができる。ただ、自分の興味が優先してしまい反応しないこともある。また、自分からの働きかけは一方的なものになりがちである。

この結果から、「指示理解力があり、多少の時間的負荷をかけても課題を遂行できること」「いろいろな機械や道具等に興味を持ち、上手に操作したり安全手順に従って扱ったりすることができること」「作業が効率的に行えること」「作業に集中力を切らさずに取り組めること」等、これらの領域で強みを持っていることがわかった。

2）「TTAPフォーマルアセスメント」の結果説明

「TTAPフォーマルアセスメント」の結果を本人に説明（説明内容は**表2**）し、自分自身の特性や強みに関する共通理解を図った。その際、合格（強みの部分）、芽生え（課題となる部分）、芽生えに対する支援法（こんなサポートがあれば）を中心に説明し、「TTAPフォーマルアセスメント」への取り組みの様子なども併せて確認した。

表2 「TTAPフォーマルアセスメント」の結果の説明内容

評価等	内　容
合　格 （強み）	・手先が器用で、細かな仕事が得意である。 ・作業スピードが速い。 ・休憩時間、一人で過ごすことができる。
芽生え （課題）	・作業中や休憩時間に独り言を言ったり、自分の世界に入っていたりすることがある。 ・作業では、量や速さを意識してしまい、正確さを確認することが不足している。
芽生え に対する 支援法	・独り言については、注意をせずに見守る。 ・一日の活動や作業内容について視覚的支援を活用し、事前に確認し、見通しを持たせる。

3）サポートカードの作成

　サポートカードは，現場実習協力事業所担当者や一緒に仕事をする職員等と，本人の実態について共通理解を図るためのツールとなるもので，特技・特徴，課題，具体的なサポート，現場実習の目標等の内容を記入する。
　今回は，「TTAPフォーマルアセスメント」の結果を中心に，教員が作成した内容を本人と確認をした（図2）。

★サポートカード★

自分の特技，特性
- 手先が器用で細かな仕事が得意です。
- 目標に向かって自分で努力することができます。
- 休憩時間は読書や手芸で時間を過ごすことができます。

課題など
- 独り言を言っていたり，自分の世界に入っていることがあるため，言葉での指示を理解できるようになることです。
- 確認しながら作業を進めることができるようになる。

こんなサポートがあれば…
- 休み時間に独り言を言うときがあると思いますが，見守っていただけると周囲の状況に気がつくことができます。
- 一日の活動や作業内容の見通しが持てると，落ち着いて活動に取り組むことができます

実習の目標
- ■お客様やスタッフの方に対して適切な態度で，あいさつ，返事，報告，質問などを行うことができる。
- ■わからないことを自分から質問することができる。

図2　サポートカード

この取り組みをとおして，自分の得手不得手を改めて認識し，苦手な出来事が起こったときの対処法についても考えることができた。また，自分に必要な具体的な支援についての理解を深めることができた。

4）「地域でのチェックリスト」の実施と結果

サユリの職業に対する能力や強みと実際の現場実習先との適合性をスクリーニングする目的で，「地域でのチェックリスト」を実施した。結果は**表3**のとおりである。

この結果，サユリの獲得しているスキルの割合は，事務（76％），家事（67％），倉庫／在庫管理（75％），図書（83％），造園／園芸（67％）であり，図書における獲得スキルが一番高いことがわかる。

5）居住地域のアセスメント

サユリが居住する宇都宮市は，人口519,802人（平成30年6月1日現在）で北関東地区の中心都市となっている。東北自動車道，北関東自動車道等の高速交通網が発達しており，大規模工業団地や大型電器量販店等の増加がみられる。また，スーパーマーケットや高齢者デイサービス等の事業所，公立図書館における館内業務委託事業の増加などがみられる。

特に，公立図書館においては，館内業務委託として1990年代に開始された指定管理者制度といった新しい形の図書館運営に積極的に参加し，障害者雇用を積極的に進めるなど，障害者雇用の実績を挙げているA企業もみられる。

なお，このA企業の公立図書館における館内業務委託率をみると，第1位東京都（22％），第2位栃木県（9％）となっている。

6）結果から考える

以上の結果を併せて検討し，サユリの職種に対する適性をもとにして進路指導を行った。本人の希望も踏まえ，公立図書館で現場実習を実施することに

表3 「地域でのチェックリスト」の結果

事務	家事	倉庫／在庫管理	図書	造園／園芸
☑パソコンの使用	☑ほこり払い	☑在庫品調べ	☑カード目録の使用	☑じょうろやホースでの植物の水やり
☑ワープロの使用	□掃除機がけ	☑品物の特定	☑本を探すための本棚の見渡し	☑除草
☑データ入力	☑ほうき・ちり取りがけ	□注文受け	☑本の配置	□植物の鉢植え
□タイプ：原稿修正	☑モップがけ	☑箱からの品物詰め	☑書架棚の認識	☑穴掘り
☑ファイル	☑テーブル拭き	☑箱への品物詰め	☑返却された本のカードの差し替え	☑道具の運搬
☑数字による分類	☑窓と鏡の掃除	☑ラベルを前にして棚への陳列	□参考文献の検索と使用	□芝刈り
☑文字による分類	☑清掃場所の確認	□荷物の持ち上げ		□草刈り機の使用
☑コピー機の使用	☑清掃用具の確認	☑ラベルと値札づけ		☑種まき
☑用具そろえ	☑洗濯機の使用	□貯蔵と積み重ね		☑落ち葉集め
☑封筒への用紙詰め	□乾燥機の使用	☑物の収納		☑野菜の採取
☑電話帳の使用	☑洗濯物たたみ	☑品物集め		□生垣刈り
□電話の応答	□リサイクル品の分類	☑テープ貼りと郵送		☑容器での水やり
☑はさみの使用	☑ベッドメイキング			
□文書のシュレッダーがけ	□レシピを使った食事の用意			
☑名刺ホルダーへの名刺の整理	□カットとスライス			
□スキャナーの使用	□電子レンジの使用			
☑ラミネート	☑電気やガスのレンジの使用			
	☑安全手順に従う			
	☑ポット用流し台の使用			
	□食器洗い機の使用			
	☑きれいな皿と汚れた皿の確認			
	☑未使用の皿の分類と収納			
	☑調味料詰め			
	☑トレイからの品物の除去			
	□レジ係			
	□他の人への食べ物の給仕			
	☑手袋はめ			

(☑: 合格, □: 不合格)

なった。

3　現場実習

　高等部3年時に，公立図書館にて現場実習を行った。職務内容は，図書館事務補助業務であった。

1）「地域での実習現場アセスメントワークシート」の実施と結果

　「地域での実習現場アセスメントワークシート」は，現場実習の初日と最終日に行った。初日に行った結果が，**表4**である。

　実習の初日ということもあり，机と書籍の整理と封筒詰めが主な内容であった。ジグや見本等を示すことで，合格や高い芽生えがみられた。

　この他に休憩時間の過ごし方に，高い芽生えがみられたので，過ごし方を決める必要があったため，これらを現場実習における目標に設定した。

表4 「地域での実習現場アセスメントワークシート」(初日)の結果

仕事の内容(作業)		実行レベル			芽生えスキルに関して行ったあらゆる作業の修正点,視覚的構造化,指導方法についての記述
目標(作業課題が目標となるならチェック) ↓	合格	芽生え(高か低で記述し,その基準も明記)		不合格	
・机の整理	✓				・ジグの使い方の確認。
・書類の整理	✓				・見本の提示。
・封筒詰め	✓				・示範の提示。
✓ ・新刊装備		高	・一冊一冊の確認がていねいすぎて時間がかかった。		・仕事に入る前に,仕事の進め方を確認する。 新刊装備の終了時間の設定。
✓ ・本の表紙のクリーニング		高	・クリーニング液をかけ過ぎることがあった。		・液を吹きかける回数を決める。

合　格＝手助けを必要としない/自立している,芽生え(高か低)＝手助けがあってできる
不合格＝作業のどの部分も完成できない

2）「毎日の達成チャート」の実施と結果

初日に行った「地域での実習現場アセスメントワークシート」の結果から，毎日の巡回指導では特に芽生えの部分への支援を中心に行った。この際，「地域での実習現場アセスメントワークシート」で見いだされた高い芽生えレベルにある特定の職業スキルを，「毎日の達成チャート」の職業スキルの項目に転記した。

転記した項目は，①新刊装備，②本の表紙のクリーニング，の2点である。その他として，実習初日のアセスメント結果から，実習期間中に重要だと思われる職業行動，自立機能スキル，余暇スキル，コミュニケーションスキル，対人スキルを見いだした。また，「毎日の達成チャート」を使用して，1日目，7日目，11日目に巡回した教員は，選定した目標に関してサユリの仕事の実施状況を記入した。その結果が表5である。

以下に，「毎日の達成チャート」の各領域における結果を示す。

①職業スキル

200件近くのポスティング作業を1人で行った。10件ずつ封筒を束にして作業を行うことができた。文書の宛名と封筒の宛名を照合させることができた。

新刊に乱丁乱本がないかの確認は，アンケート葉書を抜き取り，一冊一冊確認することができたので合格である。

②職業行動／自立機能

社名を押す作業では，プリントを順番に並べ，押印し終わったものを重ねる場所を机の中に確保しながら効率よく作業を進めることができていた。

③余暇スキル

休憩中はメモを取り，自分の考えた物語を書き込んでいたなど，自分で目的を持ち，活動を決めて過ごすことができた。

④コミュニケーション

書架の整理中，次の仕事に移るよう言われたが，その際，書類に未記入な部

表5 「毎日の達成チャート」の結果

実習内容		日数			構造化／設定	コメント
		1	7	11		
職業スキル	・封筒詰め	P	P	P		・200件近くのポスティング作業を一人で行った。10件ずつ封筒を束にして作業を行うことができた。
	・新刊装備	EH	EH	P	・示範の提示。	・新刊に乱丁乱本がないか、アンケート葉書を抜き取り、一冊一冊確認することができた。
	・返却本を書架に戻す	P	P	P	・作業方法の手順確認。	・ラベルを確認し、本を書架に戻すことができていた。返却本が入るように、本を意識しながら入れることができた。
	・本の表紙のクリーニング	EH	EH	P		・クリーニング液を表紙に吹きかけ、専用の道具できれいに拭くことができた。
職業行動／自立機能	・机の整理	P	P	P	・机の使い方の見本。	・社名を押す作業では、プリントを順番に並べて押印し、終わったものを重ねる場所を机の中に確保しながら、効率よく作業を進めることができていた。
余暇スキル	・休憩室で過ごす	EH	EH	P	・過ごし方を事前に決める。	・休憩中はメモを取り、自分の考えた物語を書き込んでいた。
コミュニケーション	・指示への返答	EL	EL	EH		・書架の整理中、次の仕事に移るように言われたが、書類に未記入な部分があり、それを伝え、終わらせてから移ることができた。
		F	F	F		・作業中、指示の多さに対してパニックを起こしていた。
対人スキル	・作業中の私語	F	EL	EL	・あいさつの仕方の確認。	・周囲の会話に反応する場面があり、小声で「お前は〜?」と話している様子がみられた。言葉をかけると、「すみませんでした」と反省していた。
	・あいさつの頻度	EL	EL	EL		・来客時にあいさつをするときに作業の手が止まり、あいさつに集中してしまっていた。お客の見送り時にもあいさつをするため、作業効率に影響が出る。

P(Pass)＝合　格，EH(Emerge High)＝高い芽生え，EL(Emerge Low)＝低い芽生え
F(Fail)＝不合格，NM(Not Measured)＝検査されていない

分があることを伝え，終わらせてから移ることができた。自分の状況を判断し，必要なことを他の従業員にしっかり伝えることができた。

⑤対人スキル

周囲の会話に反応する場面があり，小声で「お前は〜？」と話している様子がみられた。言葉をかけると，「すみませんでした」と反省していた。低い芽生えである。

3）「地域での実習現場アセスメントワークシート」の実施と結果

現場実習最終日にも「地域での実習現場アセスメントワークシート」を実施した。その結果が表6である。

全体的には，仕事中の私語が減り，前回の実習よりも落ち着いて取り組むことができた。また，受け答えもていねいで，働く人としての自覚がみられるようになった。

現場実習での様子

表6 「地域での実習現場アセスメントワークシート」(最終日)の結果

仕事の内容(作業) ↲目標(作業課題が目標となるならチェック)	実行レベル			芽生えスキルに関して行ったあらゆる作業の修正点,視覚的構造化,指導方法についての記述
	合格	芽生え(高か低で記述し,その基準も明記)	不合格	
・机の整理	✓			・ジグの使い方の確認。
・書類の整理	✓			・見本の提示。
・封筒詰め	✓			・示範の提示。
・新刊装備	✓			・仕事に入る前に,仕事の進め方を確認する。新刊装備の終了時間の設定。
・本の表紙のクリーニング	✓			・液を吹きかける回数を決める。
✓・休憩室で過ごす		高・休憩中はメモを取り,自分の考えた物語を書き込んでいた。夢中になり,午後の作業に遅れてしまうことがあった。		・過ごし方を事前に決める。
✓・作業中の私語		低		・周囲の会話に反応する場面があり,小声で「お前は〜?」と話している様子がみられた。言葉をかけると,「すみませんでした」と反省していた。
✓・あいさつの頻度		低・来客時にあいさつをするときに作業の手が止まり,あいさつに集中してしまっていた。お客の見送り時にもあいさつをするため,作業効率に影響が出る。		・あいさつの仕方の確認。

合 格=手助けを必要としない/自立している,芽生え(高か低)=手助けがあってできる
不合格=作業のどの部分も完成できない

4　現場実習事後学習

　現場実習事後学習では，①実習の反省，②実習先への礼状書き，③自分のできたこと・できなかったこと，④自分が次に向けて頑張る点，⑤次の実習に関する内容，⑥自己理解に関する内容等を中心に学習する。
　今回は，TTAPにおいて芽生えがみられた点を中心に，必要なスキルを確認し獲得することを目指した。また，学習内容と特別支援学校学習指導要領（2009年３月）の自立活動の６区分26項目との関連についても併せて検討した（**事例９参照**）。

1）学習内容　―現場実習でみえた課題から―

　人間関係の複雑さや作業のときの指示の多さに対してパニックを引き起こしていた。そこから，人の話をよく聞き，理解し，行動するということを学習内容とした。現場実習での課題と自立活動との関連については，**表7**のとおりである。

表7　現場実習の課題と自立活動との関連

区　分	内容項目
3　人間関係の形成	(1) 他者との関わりの基礎に関すること。
3　人間関係の形成	(2) 他者の意図や感情の理解に関すること。
3　人間関係の形成	(3) 自己の理解と行動の調整に関すること。
6　コミュニケーション	(5) 状況に応じたコミュニケーションに関すること。

2）指導内容

　「言葉による指示内容を聞き取り，正確に相手に伝えることができる」という目標を立て，話を聞きながら必要な内容をメモしたり，メモの内容を伝達したりする学習を行った。

　具体的には，内線電話を使用しての聞き取りやメモの取り方，メモの内容を正確に伝える等の練習を繰り返し行った。また，周囲の許可を取ってからクールダウンの時間を取ることができるように，クールダウンの部屋の確保，クールダウンのときの許可の取り方等を繰り返し確認した。

3）指導後の様子

　内線電話を使用し，話の内容を聞き取る学習では，内容を正確にメモすることが難しく，教員の支援が必要であった。しかし，相手に電話をする練習では，メモに書かれた用件を読み上げることができた。また，活動中に気分が不安定になったときは，自分から教員にクールダウンの時間が欲しいと伝えることができた。

5 卒業後支援

　知的障害特別支援学校高等部卒業後は，職場定着に向けてジョブコーチと連携した支援や夏季休業時における支援を実施した。
　卒業後支援の内容は以下のとおりである。

1）職業スキル

　1年目から3年目は，配架業務全般，作品掲示補助，環境整備，蔵書修理・修繕を行った。4年目の現在は，午前中の配架業務を固定業務とし，その他に，修繕業務と新刊本の装丁や受付補助業務を担当している。また，200字程度の月一レポートを書くことができるようになり，季節の内容や現在担当している仕事内容について書き，毎月，館長に提出している。
　高等部3年時から就労3年目までの業務内容の推移は，**表8**のとおりである。

2）対人スキル

　朝礼時に「コンプライアンス標語」の唱和を落ち着いて行うことにより，職員と声を合わせて活動したり，キャラクターについて話をしたりすることもできるようになった。また，ミーティング時においてよく笑い，雑談等に加わることができるようになった。さらに，館長が担当する玄関清掃を手伝うようになり，その際，「私がやりましょうか」「今日は少し涼しいですね」などと自分から話しかけることができるようになった。

3）事業所側の声

　本人の，あいさつ，話し方，謝り方，勤務中の姿勢，態度等から職員が学ぶことが多いということや，貸し出し文庫のクリーニングの仕事で，学校司書の方より，「本が生き返った」とのコメントをいただくなど，職場においてなく

てはならない存在になりつつある。

　また，配架作業をしながら修理が必要な本を選別するなど，自分で判断して作業することが増加した。気になる行動として，「鏡の前で，独り言や笑いがあった」ということを挙げられたが，これに関しては，「不安な気持ちを自分で調整しているため」と説明した。

表8　業務内容の推移

高等部3年時	就労1年目	就労2年目	就労3年目
1　机の整理	1　水やり	1　水やり	1　水やり
2　書籍の整理	2　書架整理	2　書架整理	2　書架整理
3　封筒詰め	3　図書装備	3　図書装備	3　図書装備
4　新刊装備	4　月一レポート	4　月一レポート	4　月一レポート
5　返却本を書架に戻す	5　貸し出し文庫の貸し出し処理	5　貸し出し文庫の貸し出し処理	5　貸し出し文庫の貸し出し処理
6　本の表紙のクリーニング	6　雑誌のバックナンバーチェック	6　雑誌のバックナンバーチェック	6　雑誌のバックナンバーチェック
	7　貸し出し文庫のクリーニング	7　貸し出し文庫のクリーニング	7　貸し出し文庫のクリーニング
	8　新刊装備	8　新刊装備	8　新刊装備
	9　前年分新聞処理	9　前年分新聞処理	9　前年分新聞処理
	10　工作会準備	10　工作会準備	10　工作会準備
		11　新刊本のPC入力と配架作業	11　新刊本のPC入力と配架作業
		12　修理修繕作業	12　修理修繕作業

6 考察

1）TTAPによるASD児者の強みの把握

　「TTAPインフォーマルアセスメント」を現場実習時に活用することで，課題や目標を明確にすることができ，事業所側においても，ASD児者の障害特性に対する理解が深まった。

　職業領域においては，生徒が現場実習を積み重ね，獲得するスキル項目が増えると，さらに新たな仕事内容を担当することにつながっていくことも多くみられた。このことから，現場実習での積み重ねの部分も適切にアセスメントをしていく必要があると考える。

　課題となっていた対人関係面では，職員と打ち合わせを行い，利用者と関わる場面を減らし，本の修繕などを中心にバックヤード業務から始めることで，仕事に自信を持たせるようにした。その結果，職員との信頼関係の構築と職員をモデルとすることにより，あいさつ，報告，利用者との簡単なやり取り等のスキルを身につけることができた。

　以上のことから，本人の障害特性と職場環境とをアセスメントすることで，適切な移行支援ができたと考える。

2）図書館業務に求められるスキル

　高等部1年時から3年時までの現場実習における「地域での実習現場アセスメントワークシート」の記録を分析し，図書館業務に求められるスキルを整理した。

　この結果，「TTAPインフォーマルアセスメント」の「地域でのチェックリスト」（以下，TTAP版とする）にある6つの全てのスキル項目を削除し，新たに11項目を設けて「宇都宮版」とした。図書業務に求められるスキルの「TTAP版」と「宇都宮版」は**表9**のとおりである。

表9　図書館業務に求められるスキル

TTAP版	宇都宮版
□カード目録の使用	□本を並べる
□本を探すための本棚の見渡し	□CDの配架
□本の配置	□本の配架
□書架棚の認識	□雑誌を番号順に並べる
□返却された本のカードの差し替え	□バーコードの読み取り
□参考文献の検索と使用	□本の修繕
	□新聞の綴じ込み
	□移動図書館同行
	□子どもとの関わり
	□館内掲示物作成
	□付録づけ

　今後，ASD児者の就労支援の推進および職場定着支援を充実させていくためにも，就労先から求められるスキルが高等部在学中に獲得できるような学習内容を検討するとともに，個別移行支援計画に位置づけていく必要がある。

3）進路指導における学習内容の開発

　現場実習において，実習目標や自立を促す支援方法を見いだす目的でTTAPを活用し，現場実習における課題を明らかにして，その課題に対し，現場実習の期間中に生徒と一緒に確認しながら現場で指導を行った。

　現場実習事後学習では，青年期以降の自立に必要なスキルとはどのようなものかを個別に検討し，求められるスキルを学校在学中に獲得させることが必要である。

　今後は，現場実習をとおして身につける必要を感じたスキルについて，学ぶことができる授業内容の検討および教育課程への位置づけ等を検討する必要がある。また，このような学習内容の整理と授業実践を積み重ねることにより，

本人の自己理解とさらなるキャリア発達が期待されると考える。

事例5　カイト

> スーパーマーケットバックヤードで
> 求められるソフトスキルへの支援

1　対象者の特性と進路の希望

　知的障害特別支援学校高等部3年，男子。
　1歳6ヶ月検診時に言葉の遅れを指摘された。3歳時に医療機関にて自閉症と診断を受け，療育手帳（B2）を取得した。
　幼児期は簡単な二語文の発話が聞かれたが，その後，多語文の顕著な増加はみられなかった。また，家族や友人との関わりではコミュニケーション面での課題が多くみられた。小学校および中学校では特別支援学級に在籍し，高等部での状況は，性格は穏やかで真面目であるが，集中を持続することが難しく，個別の言葉かけを要する。学習課題に対しては自分で課題を解決しようとする気持ちが強く，指示を素直に受け入れることが難しいことがある。
　調理が好きで，家庭では自分で調理をすることが多く，調理器具の使い方も上手であることから，調理に関係する職種での一般企業就職を希望している。また，一人で外食することを楽しみにしている。
　WAIS-R（Wechsler Adult Intelligence Scale-Revised，以下「WAIS-R」）の検査結果では，FIQ64，VIQ69，PIQ66であり，VIQとPIQに有意差はみられなかった。言語性検査では類似が評価点8と一番高く，算数と理解が評価点3と一番低い。数唱では順唱よりも逆唱で高い結果を得られた。動作性検査では絵画配列が10と全検査中一番高く，符号が3と一番低い。絵画配列が高いことから，視覚的な支援があれば物事を順序立てて考えることができる。普段の生活でも話し言葉で指示された全てを行動に移すことは難しいが，レシピをみながらであれば複数の手順を理解して調理をすることができることとも一致してい

る。符号が低いことや反応時間が長いなどの検査時の様子から,事務的な処理速度や動作の機敏さには弱さがみられると考えられる。作業学習においても作業速度は遅いが,ていねいかつ正確に行うことができる。

2　事前調査と支援の方向性

事前調査として,TTAPの2つの検査を実施した。

1）「TTAPフォーマルアセスメント」の実施と結果

まずは「TTAPフォーマルアセスメント」を実施した。その結果が図1である。
直接観察尺度では,職業スキル,職業行動,自立機能で全ての項目に合格している。また,機能的コミュニケーション,対人行動で芽生えがみられた。家庭尺度,学校／事業所尺度では,余暇スキル,対人行動で芽生えが多くみられる。

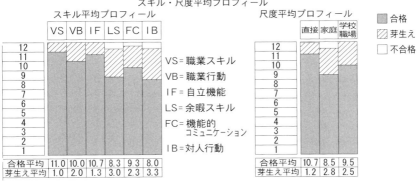

図1 「TTAP フォーマルアセスメント」の結果

それぞれの6領域別にみられた結果は，**表1**のとおりである。

これらの結果から，「指示理解力があり，多少の時間的負荷をかけても課題を遂行できること」「いろいろな機械や道具等に興味を持ち，上手に操作したり安全手順に従って扱ったりすることができること」「品物の梱包や収納がていねいで，作業が効率的に行えること」「これらの作業に集中力を切らさずに取り組めること」等，カイトが機械や道具を操作し，品物の梱包や収納などを一つ一つていねいに扱うスキルの領域で強みを持っていることがわかった。

表1　行動観察における領域別の結果の一部

職業スキル
直接観察尺度では，課題の飲み込みも早く，全ての項目で合格である．

職業行動
直接観察尺度では，「13．（項目番号，以下同じ）封入作業」において，途中で休むこともなく，ていねいかつ継続して作業に取り組む様子がみられた．このことはカイトの日頃の作業課題への取り組み方にも当てはまる．また，多少の時間的負荷をかけても課題を遂行できる可能性があることもわかった．

自立機能
直接観察尺度では，課題の飲み込みも早く，全ての項目で合格である．

余暇スキル
直接観察尺度では，「47．地域における余暇活動の計画」において芽生えがみられた．家庭尺度では，「111．他の人と協力して遊ぶ」「118．ペットの世話をする」において芽生えがみられた．また「114．現在進行中の興味の収集に携わる」「115．現在進行中のアートやクラフトに携わる」は不合格であった．

機能的コミュニケーション
直接観察尺度では，「49．ことばによる指示あるいはジェスチャーの理解」「53．緊急情報の提供」「55．肯定的な感情の理解」「60．電話メッセージの録音」において芽生えがみられた．

対人行動
直接観察尺度では，「71．会話への集中」において，普段口数の少ないカイトが，家族についての質問に答えながら3分間以上話し続けることができた．「72．視覚的ルールに従う」において，カイトの実態に合うように，「独り言を言わない」「思い出し笑いをしない」などの文字で示された「ルールカード」をみせると，これらの行動をやめることができた．このことは視覚的指示に従い自分の行動を修正できることを表している．カイトがこれらの行動に自覚があることから，行動の改善を要求できる可能性があることがわかった．

2）「地域でのチェックリスト」の実施と結果

「TTAPフォーマルアセスメント」の結果から，カイトの職業に対する能力や強みを把握したが，それらと実際の現場実習先との適合性をスクリーニングする目的で，「TTAPインフォーマルアセスメント」の一つである「地域でのチェックリスト」を実施した。結果は**表2**のとおりである。

この結果，カイトの獲得しているスキルの割合は，事務（53％），家事（96％），倉庫／在庫管理（67％），図書（33％），造園／園芸（75％）であり，家事の獲得スキルが一番高いことがわかる。

3）結果から考える

以上の結果を併せて検討し，カイトの職種に対する適性をもとにして進路指導を行った。本人の希望も踏まえ，スーパーマーケットバックヤードで現場実習を実施することになった。実施回数，実施期間は次の様に決めた。実習先は，いずれも同じスーパーマーケットである。

- ●第1期現場実習：高等部2年11月実施（15日間）
- ●第2期現場実習：高等部3年6月実施（15日間）
- ●第3期現場実習：高等部3年11月実施（15日間）

また，現場実習においては，「毎日の達成チャート」を実施し，現場実習期間中にどの程度望ましいスキルを獲得することができるかを確認することにした。

表2 「地域でのチェックリスト」の結果

事務	家事	倉庫／在庫管理	図書	造園／園芸
☑パソコンの使用	☑ほこり払い	☑在庫品調べ	□カード目録の使用	☑じょうろやホースでの植物の水やり
☑ワープロの使用	☑掃除機がけ	□品物の特定	□本を探すための本棚の見渡し	☑除草
☑データ入力	☑ほうき・ちり取りがけ	□注文受け	☑本の配置	☑植物の鉢植え
□タイプ：原稿修正	☑モップがけ	☑箱からの品物詰め	☑書架棚の認識	☑穴掘り
☑ファイル	☑テーブル拭き	☑箱への品物詰め	□返却された本のカードの差し替え	☑道具の運搬
☑数字による分類	☑窓と鏡の掃除	☑ラベルを前にして棚への陳列	□参考文献の検索と使用	□芝刈り
☑文字による分類	☑清掃場所の確認	☑荷物の持ち上げ		□草刈り機の使用
☑コピー機の使用	☑清掃用具の確認	☑ラベルと値札づけ		☑種まき
□用具そろえ	☑洗濯機の使用	□貯蔵と積み重ね		☑落ち葉集め
☑封筒への用紙詰め	☑乾燥機の使用	☑物の収納		☑野菜の採取
□電話帳の使用	☑洗濯物たたみ	☑品物集め		□生垣刈り
□電話の応答	☑リサイクル品の分類	□テープ貼りと郵送		☑容器での水やり
☑はさみの使用	☑ベッドメイキング			
□文書のシュレッダーがけ	☑レシピを使った食事の用意			
□名刺ホルダーへの名刺の整理	☑カットとスライス			
□スキャナーの使用	☑電子レンジの使用			
□ラミネート	☑電気やガスのレンジの使用			
	☑安全手順に従う			
	☑ポット用流し台の使用			
	☑食器洗い機の使用			
	☑きれいな皿と汚れた皿の確認			
	☑未使用の皿の分類と収納			
	☑調味料詰め			
	☑トレイからの品物の除去			
	□レジ係			
	☑他の人への食べ物の給仕			
	☑手袋はめ			

（☑：合格，□：不合格）

3　現場実習

現場実習は3回実施する。

1）第1期現場実習：高等部2年11月実施（15日間）

第1期現場実習は，高等部2年の11月に15日間実施した。

実習先はBスーパーマーケットで，バックヤードの精肉部門，青果部門，鮮魚部門を担当した。

「毎日の達成チャート」の結果は，**表3**のとおりである。

以下に，「毎日の達成チャート」の各領域における結果を示す。

①職業スキル

豚肉をトレイに乗せラッピングをする作業で，ラッピング機からラップを出し過ぎて注意を受けたが，少しずつ適切な長さで切ることを覚え，ラップがけをすることができた。また，店員の見本と言葉かけがあれば，ラップの両端を強く引っ張って，たるみを作ることなく，より正確にラップがけをすることができた。

②職業行動／自立機能

自分のペースで仕事をし，スピードを意識することがなかった。

③余暇スキル

現場実習の事前学習で，過ごし方リストを作成した。これを確認しながら，昼休みの時間を過ごすことができた。

④対人スキル

作業中に「独り言を言わない」「身体を揺らさない」などの注意事項を仕事場の壁に貼り，作業が始まる前に確認することで，自分で注意して作業を進めることができた。

表3 「毎日の達成チャート」(第1期現場実習時) の結果

実習内容	評価	構造化／設定	コメント
職業スキル			
・機械でのラッピング	EL	・見本。	・しわができないようにラッピングすることは，まだ十分ではない。魚の干物はトレイからはみ出すのでラップがけが難しかった。
・品名および値段シール貼り	P	・見本。	・見本をみて，所定の場所に貼ることができた。
・商品の仕分け（野菜と果物の袋詰め）	P		・腐っている果物とそうでない果物を仕分けして，パック詰めすることができた。
職業行動／自立機能			
・休憩時間終了の目安	F	・時間配分の学習。	・休憩時間終了の2分前にトイレに行き，作業開始時間に遅れる。
余暇スキル			
・昼休みの過ごし方	P	・過ごし方のリストを作成。	・自分の席で弁当を食べ，その後，持参した本を読んで過ごすことができた。
コミュニケーション			
・返事，あいさつ，報告	EL		・自分から改善しようとする様子がみられたが，声の大きさや自分の意思を相手に正確に伝えることに課題がある。
対人スキル			
・作業終了後の報告	EL	・注意事項を壁に貼る。	・作業終了後，「終わりました」と報告することができた。報告の際，声が小さい。

P(Pass)＝合　格，EH(Emerge High)＝高い芽生え，EL(Emerge Low)＝低い芽生え
F(Fail)＝不合格，NM(Not Measured)＝検査されていない

　実習先からは「真面目で素直であり，仕事に対する姿勢は評価できる。初日に比べると格段にラッピングの技能が向上し，速く効率よくできるようになってきた。仕事のスピードに関しては，普段の生活の中でも自分で目標を立て，時間に区切りをつけて進めることで身についてくると思う」という評価を受けた。

2）第2期現場実習：高等部3年6月実施（15日間）

第2期現場実習は，高等部3年の6月に15日間実施した。

実習先は前回と同じBスーパーマーケットで，バックヤードの精肉部門，青果部門，鮮魚部門，デリカ（惣菜）部門を担当した。

「毎日の達成チャート」の結果は，**表4**のとおりである。

以下に，「毎日の達成チャート」の各領域における結果を示す。

①職業スキル

トレイより大きめの魚をラッピングするときにしわを作り，何度もラッピングし直しすることがあった。これについては，ラッピングする際，トレイと魚の大きさを比べ，魚が大きいときはラッピングを後回しにして，最後にまとめて作業することを確認した。

②職業行動／自立機能

作業中に間が空くと身体を前後に揺らす行動がみられた。

③対人スキル

出勤時，退勤時のあいさつはよくできていたが，返事の声が小さかった。また，報告する際，報告のタイミングがわからず，店員の言葉かけを待っていることが多くみられた。カイトにこのことについて確認すると，報告をする人の顔色をうかがってしまい，いつ報告したらよいのかわからなくなってしまうということであった。これについては，報告する人の顔色を観察しているとその分仕事が遅れてしまうので，仕事が終了したらすぐに報告すること，報告する人が他の人と話をしている場合は「お話し中失礼します」と言ってから報告すること，というルールを確認した。

表4 「毎日の達成チャート」（第2期現場実習時）の結果

実習内容	評価	構造化／設定	コメント
職業スキル			
・魚・野菜のラッピング	EL	・見本。	・しわを作ってしまうことがあった。
・商品の補充・前出し	P		・商品をていねいに扱い，冷蔵庫や商品棚に並べることができた。お菓子の袋や箱を前出しすることができた。
・売れ残り商品の回収・分別作業	EL		・最初の頃は手順を理解していなかったために，何度か店員に手順を示してもらっていた。
・箱のひも縛り	EL	・従業員の見本。	・発泡スチロールの箱を重ねて，ビニールひもをカッターで切り，箱を縛る作業がうまくできない。
職業行動／自立機能	EL		・作業中に間が空くと，身体を前後に揺らす行動がみられた。
余暇スキル			・特になし。
コミュニケーション			
・あいさつ	EH		・出勤時，退勤時のあいさつがよくできた。しかし，返事の声がやや小さい。
対人スキル			
・報告	EL	・報告する場面でのルール作り。	・「できました」「終わりました」等の報告はできるが，タイミングがわからず，店員からの言葉かけを待っていた。

P(Pass)＝合　格，EH(Emerge High)＝高い芽生え，EL(Emerge Low)＝低い芽生え
F(Fail)＝不合格，NM(Not Measured)＝検査されていない

3）第3期現場実習：高等部3年11月実施（15日間）

第3期現場実習は，高等部3年の11月に15日間実施した。

実習先は，前回，前々回と同じBスーパーマーケットで，バックヤードの精肉部門，青果部門，鮮魚部門，デリカ（惣菜）部門を担当した。

「毎日の達成チャート」の結果は，**表5**のとおりである。

以下に，「毎日の達成チャート」の各領域における結果を示す。

①職業スキル

仕事の手順を早く覚え，正確に進めることができた。また，機械の扱いについても，手順表や注意事項が書かれたメモを確認して安全に行うことができた。特にラッピング機の扱いについては，ラップの長さを調整できずに注意を受けていたが，言葉での指示やラップを切る長さを見本と合わせることで適切な長さで切ることを覚え，ラップがけを適切に行うことができるようになった。

②職業行動／自立機能

作業スピードよりも，正確にラッピングをして商品として出せることが求められた。一つ一つの作業をていねいに自分のペースで進められるカイトに合う作業であったが，今後は，現場実習反省時に事業所側から出されたように，「実際の仕事の現場では作業効率を求められる。今後は出来映え以上にどれだけできたか，どれくらい進んだのかということを目標に作業をする」と「自分で目標を立て，時間に区切りをつけて進める」が求められた。

③余暇スキル

昼食休憩の過ごし方を教員と一緒に考え，過ごし方リストを作成した。これにより落ち着いて過ごすことができた。

④対人スキル

返事，あいさつ，報告をするときに下を向いてしまうので，相手の顔をみたり目を合わせたりしないでよいから，その場面では顔を上げるということを確認した。

また，実習期間中課題になっていた報告をするタイミングに関しては，報告する相手のことを観察しないですぐに報告するという作業中のルールを決めたことで，一つの作業を終了したらすぐに報告することができるようになった。

表5 「毎日の達成チャート」(第3期現場実習時) の結果

実習内容	評価	構造化／設定	コメント
職業スキル			
・豚肉のラッピング	P P	・従業員の見本と言葉かけ。	・最初はラッピング機からラップを出し過ぎて注意を受けたが，少しずつ適切な長さで切ることを覚え，ラップがけをすることができた。 ・ラップの両端を強く引っ張り，たるみを作ることなく，しっかりラップがけをすることができた。
職業行動／自立機能			
・仕事の速さ	EL		・自分のペースで仕事をし，スピードを意識することがなかった。
余暇スキル			
・昼休みの過ごし方	P	・休憩中の活動リスト。	・自分の席で弁当を食べ，その後持参した本を読んで過ごすことができた。
コミュニケーション			
・作業終了後の報告	EH	・言葉かけ。	・一つの作業終了後，「終わりました」と報告することができた。
対人スキル			
・返事，あいさつ，報告	EH	・注意事項を壁に貼る。	・報告の際，声が小さいときがある。「できました」の報告はよくできた。

P(Pass)＝合　格，EH(Emerge High)＝高い芽生え，EL(Emerge Low)＝低い芽生え
F(Fail)＝不合格，NM(Not Measured)＝検査されていない

現場実習での様子

4　考察

　見本などの視覚的支援を活用することで，見通しを持ちながら仕事を行うことができた。また，そのことにより，正確な作業や決められた時間内に行える作業量も増えてきた。一方，「毎日の達成チャート」の結果では，自立機能，コミュニケーション，対人スキルで芽生えがみられた。

　対人スキルの中で，特に，返事，あいさつ，報告等で芽生えがみられたが，作業中におけるルールを確認することで改善がみられた。

　「地域行動チェックリスト」は，現場実習で支援する必要のある行動や行動スキルを決めるために教員が使う簡便な引用フォームである。これらの行動やスキルは，職業行動，自立機能，余暇スキル，コミュニケーション，対人スキル，移動の各領域にわたっている。

　特に，対人スキルには，「対人的なやり取りへの適切な参加」「適切な言葉の使用」「他の人へのあいさつ」「対人的関わりを自分から始めること」「他の人が働きかけたことへの反応」「対人的な活動への参加」「対人的な距離を保つことの尊重」「視覚的ルールの理解」「会話の話題への参加と話題の変更」等の項目がある。

　この地域行動チェックリストを活用しながら，日頃の学校，家庭での様子をアセスメントし，スキル獲得に向けて支援する必要がある。

事例6　タケシ

余暇（休憩時間）に求められる対人スキルへの支援

1　対象者の特性と進路の希望

　知的障害特別支援学校高等部3年，男子。
　7歳時に，医療機関にて，高機能自閉症（High-Functioning Autism，以下「HFA」）と診断された。小学校および中学校は特別支援学級に在籍した。
　日常会話は可能であるが，声が小さく独り言のように話すので聞き取れないことが多い。また，興味関心の幅が狭く，自分に関係のない事柄や他人に対してほとんど関心を持つことがない。
　余暇に，休日に電車を利用して買い物に行くことを楽しむなど，一人で移動できる範囲が広い。絵を描くことも好きで，アニメを中心に家でよく描いている。また，貯金が趣味でそこから小遣いを捻出するなど，金銭管理に対する意識が高い。
　WAIS-Rの検査結果は，FIQ86，VIQ88，PIQ87であった。言語性下位検査は評価点4～11の範囲に分布し，理解，類似が最も高いことから，言語表現および言語的推理が強い。一方，動作性下位検査は，評価点3～11の範囲に分布し，絵画配列，積木模様，組合が評価点11と高く，視覚的全体把握は良好に機能している。
　タケシは障害者雇用での一般企業就職を希望しており，それに伴い，知的障害者が一貫した療育や援助等の福祉施策を受けるための手帳である療育手帳を申請した。しかし，IQが判定区分外で療育手帳を取得できず，その後，相談機関との連携により精神障害者保健福祉手帳2級を取得した。
　余暇活動を充実させながら，就労生活を送りたいと考えている。仕事をして

給料をもらいながら一人暮らしがしたいという希望がある。

2 事前調査と支援の方向性

事前調査として，TTAPの2つの検査を実施した。

1）「TTAPフォーマルアセスメント」の実施と結果

まずは「TTAPフォーマルアセスメント」を実施した。その結果が**図1**である。

検査得点プロフィール

	職業スキル			職業行動			自立機能			余暇スキル			機能的コミュニケーション			対人行動		
	直接	家庭	学校職場	直接	家庭	学校職場	直接	家庭	学校職場	直接	家庭	学校職場	直接	家庭	学校職場	直接	家庭	学校職場
合格得点	12	12	12	11	12	12	11	12	12	12	11	10	11	11	12	12	11	10
芽生え得点	0	0	0	1	0	0	1	0	0	0	0	2	1	1	0	0	1	2

スキル・尺度平均プロフィール

スキル平均プロフィール

	VS	VB	IF	LS	FC	IB
合格平均	12.0	11.7	11.7	11.0	11.3	11.0
芽生え平均	0.0	0.3	0.3	0.7	0.7	1.0

VS＝職業スキル
VB＝職業行動
IF＝自立機能
LS＝余暇スキル
FC＝機能的コミュニケーション
IB＝対人行動

尺度平均プロフィール

	直接	家庭	学校職場
合格平均	11.5	11.5	11.3
芽生え平均	0.5	0.3	0.7

■ 合格
▨ 芽生え
□ 不合格

図1 「TTAPフォーマルアセスメント」の結果

直接観察尺度では，職業スキル，余暇スキル，対人行動の全ての項目に合格している。家庭尺度，学校／事業所尺度では，余暇スキル，対人行動で芽生えがみられた。それぞれの6領域別にみられた結果を**表1**に示す。

表1　行動観察における領域別の結果の一部

職業スキル
直接観察尺度，家庭尺度，学校／事業所尺度は，全ての項目で合格である。

職業行動
直接観察尺度では，「13．（項目番号，以下同じ）封入作業」において芽生えがみられた。家庭尺度，学校／事業所尺度では，全ての項目で合格である。

自立機能
直接観察尺度では，「33．メッセージの伝達（伝言の理解）」において芽生えがみられた。家庭尺度，学校／事業所尺度では，全ての項目で合格である。

余暇スキル
直接観察尺度では，全ての項目で合格である。家庭尺度では，「118．ペットの世話をする」において芽生えがみられた。学校／事業所尺度では，「192．定期的な運動」において芽生えがみられた。

機能的コミュニケーション
直接観察尺度では，「60．電話メッセージの録音」において芽生えがみられた。家庭尺度では，「126．電話をかける」において芽生えがみられた。学校／事業所尺度では，全ての項目で合格である。

対人行動
直接観察尺度では，全ての項目で合格である。家庭尺度では，「138．社交的な集まりに参加する」，学校／事業所尺度では，「211．グループ活動に参加する」「212．特定の人々との仲間関係を求める」において芽生えがみられた。

これらの結果から，「いろいろな機械や道具等に興味を持ち，上手に操作したり扱ったりすることができる」「品物の梱包や収納がていねいで，作業が効率的に行える」「これらの作業に集中力を切らさずに取り組める」等，タケシが機械や道具を操作し身体を使って物を製造するスキルの領域で強みを持って

いることがわかった。

2）「地域でのチェックリスト」の実施と結果

　「TTAPフォーマルアセスメント」の結果から，タケシの職業に対する能力や強みを把握したが，それらと実際の現場実習先との適合性をスクリーニングする目的で，「TTAPインフォーマルアセスメント」の一つである「地域でのチェックリスト」を実施した。結果は**表2**のとおりである。

　この結果，タケシの獲得しているスキルの割合は，事務（47％），家事（67％），倉庫／在庫管理（92％），図書（33％），造園／園芸（67％）であり，倉庫／在庫管理の獲得スキルが一番高いことがわかる。

3）結果から考える

　以上の結果を併せて検討し，タケシの職種に対する適性をもとにして進路指導を行った。本人の希望も踏まえ，製造業で現場実習を実施することになった。

表2 「地域でのチェックリスト」の結果

事務	家事	倉庫/在庫管理	図書	造園/園芸
☑パソコンの使用	☑ほこり払い	☑在庫品調べ	□カード目録の使用	☑じょうろやホースでの植物の水やり
□ワープロの使用	☑掃除機がけ	☑品物の特定	☑本を探すための本棚の見渡し	☑除草
☑データ入力	☑ほうき・ちり取りがけ	□注文受け	☑本の配置	☑植物の鉢植え
□タイプ：原稿修正	☑モップがけ	☑箱からの品物詰め	□書架棚の認識	☑穴掘り
☑ファイル	☑テーブル拭き	☑箱への品物詰め	□返却された本のカードの差し替え	☑道具の運搬
☑数字による分類	☑窓と鏡の掃除	☑ラベルを前にして棚への陳列	□参考文献の検索と使用	□芝刈り
☑文字による分類	☑清掃場所の確認	☑荷物の持ち上げ		□草刈り機の使用
□コピー機の使用	☑清掃用具の確認	☑ラベルと値札づけ		☑種まき
☑用具そろえ	☑洗濯機の使用	☑貯蔵と積み重ね		☑落ち葉集め
□封筒への用紙詰め	□乾燥機の使用	☑物の収納		☑野菜の採取
□電話帳の使用	□洗濯物たたみ	☑品物集め		□生垣刈り
□電話の応答	☑リサイクル品の分類	☑テープ貼りと郵送		□容器での水やり
☑はさみの使用	□ベッドメイキング			
☑文書のシュレッダーがけ	□レシピを使った食事の用意			
□名刺ホルダーへの名刺の整理	□カットとスライス			
□スキャナーの使用	☑電子レンジの使用			
□ラミネート	☑電気やガスのレンジの使用			
	☑安全手順に従う			
	☑ポット用流し台の使用			
	☑食器洗い機の使用			
	☑きれいな皿と汚れた皿の確認			
	□未使用の皿の分類と収納			
	□調味料詰め			
	☑トレイからの品物の除去			
	□レジ係			
	□他の人への食べ物の給仕			
	☑手袋はめ			

(☑:合格, □:不合格)

3　現場実習

いよいよ現場実習である。

事前調査の結果を踏まえて,「TTAPインフォーマルアセスメント」の「地域での実習現場アセスメントワークシート」および「毎日の達成チャート」を実施し,現場実習期間中にどの程度望ましいスキルを獲得することができるかを確認していく。

1)「地域での実習現場アセスメントワークシート」の実施と結果

「地域での実習現場アセスメントワークシート」は,現場実習の初日と最終日に行う。初日に行った結果が,**表3**である。

表3 「地域での実習現場アセスメントワークシート」(初日)の結果

仕事の内容（作業） 目標（作業課題が目標となるならチェック）	実行レベル 合格	実行レベル 芽生え（高か低で記述し，その基準も明記）	実行レベル 不合格	芽生えスキルに関して行ったあらゆる作業の修正点，視覚的構造化，指導方法についての記述
✓ ・ワイヤー切断		高 ・握力が弱く，切ることが難しい。		・ニッパを握る場所の確認。
✓ ・マイクロメーターの扱い		高 ・確認まで時間がかかる。		・時間はかかるが間違いなくはできる。
・時間の意識，目標の設定	✓	・時間を意識し，目標を設定することで効率を高めることができた。		・午前，午後の目標数の設定。
✓ ・仕事内容に関する質問・指示に対する返事		高 ・良い返事はできる。仕事内容を理解しての返事かどうかは，わからない。		・相手をみて，指示をしっかり聞く。

合　格＝手助けを必要としない／自立している，芽生え（高か低）＝手助けがあってできる
不合格＝作業のどの部分も完成できない

2）「毎日の達成チャート」の実施と結果

初日に行った「地域での実習現場アセスメントワークシート」の結果から，巡回指導では特に芽生えの部分への支援を中心に行うことにした。

「地域での実習現場アセスメントワークシート」で見いだされた高い芽生えレベルにある特定の職業スキルを，「毎日の達成チャート」の職業スキルの項目に転記した。転記した項目は，①ワイヤー切断，②マイクロメーターの扱い，の2点である。その他，結果から，実習期間に重要だと思われる職業行動／自立機能スキル，余暇スキル，コミュニケーションスキル，対人スキルを見いだした。また，1日目，7日目，11日目に実習を巡回した教員は，選定した目標に関して，タケシの仕事の実施状況を記入した。

その結果が表4である。

以下に，「毎日の達成チャート」の各領域における結果を示す。

①職業スキル

仕事の手順を早く覚え，正確に進めることができたが，ワイヤー切断の際に，ニッパの握り方や力の入れ具合がよくわからなかったので高い芽生えとした。

②職業行動／自立機能

特に問題はない。

③余暇スキル

休憩中，話すことが苦手で，話しかけられれば答えることはできるが，声が小さく独り言のように話すために聞きとりづらく，低い芽生えであった。

④対人スキル

担当者からの質問等について，良い返事はできているが仕事内容を理解しての返事かどうかはわからないので高い芽生えとした。

表4 「毎日の達成チャート」の結果

実習内容	日数 1	日数 7	日数 11	構造化／設定	コメント
職業スキル					
・ワイヤーの切断	EH	EH	P	・ニッパを握る場所の確認。	・握力が弱く，切ることが難しい。
・マイクロメーターの扱い	EH	P	P	・作業の始めに使用について確認する。	・時間はかかるが間違いなくできた。
職業行動／自立機能					
・時間の意識，目標の設定	P	P	P	・午前・午後の目標数の設定。	・時間を意識し目標を設定することで効率を高めることができた。
余暇スキル					
・休憩中の会話	EL	EL	EL	・相手の話しを十分に聞く。	・話しかけられれば，自分のことを話すことはできた。
コミュニケーション					
					・特になし。
対人スキル					
・仕事内容に関する質問・指示に対する返事	EH	EH	EH	・相手を見て指示をしっかり聞く。	・良い返事はできる。仕事内容を理解しての返事かどうかはわからない。

P(Pass)＝合　格，EH(Emerge High)＝高い芽生え，EL(Emerge Low)＝低い芽生え
F(Fail)＝不合格，NM(Not Measured)＝検査されていない

　事前指導と事後指導データフォームとして「毎日の達成チャート」を使用することで，場面間，経過時間ごとの作業の比較分析をする累積的なアセスメント一覧や支援におけるデータ収集を簡素化することができた。

3）「地域での実習現場アセスメントワークシート」の実施と結果

現場実習最終日にも「地域での実習現場アセスメントワークシート」を実施した。その結果が表5である。

午前10時と午後3時にそれぞれ15分間の休憩があり，この休憩中，他の従業員と同じ場所で過ごすことについては，対人緊張が強く，同じ場所で過ごすことが難しかったので，低い芽生えとなっている。この際，タケシ本人には，この休憩時間は給料が支払われる時間となっており，いつ打合せが入るかわからないため，他の従業員と同じ場所で過ごす必要があると説明した。

会社の決まりやルール等については，本人が理解できるように説明をすれば，求められる望ましい行動を取ることが可能であるので，ていねいな説明をする必要がある。

現場実習での様子

表5 「地域での実習現場アセスメントワークシート」(最終日)の結果

仕事の内容（作業） ↱目標（作業課題が目標 ↲ となるならチェック）	実行レベル			芽生えスキルに関して行ったあらゆる作業の修正点，視覚的構造化，指導方法についての記述
	合格	芽生え（高か低で記述し，その基準も明記）	不合格	
・ワイヤー切断	✓			・ニッパを握る場所の確認。
・マイクロメーターの扱い	✓			・時間はかかるが間違いはなくできる。
・時間の意識，目標の設定	✓	・時間を意識し，目標を設定することで効率を高めることができた。		・午前，午後の目標数の設定。
✓・休憩中の会話		低 ・話しかけられれば，自分のことを話すことはできた。		・相手の話しを十分に聞く。
✓・休憩中，他の従業員と同じ場所で過ごす		低 ・対人緊張が強く，同じ場所で過ごすことが難しかった。		・同じ場所で過ごすことの説明。
✓・仕事内容に関する質問・指示に対する返事		高 ・良い返事はできる。仕事内容を理解しての返事かどうかは，わからない。		・相手をみて，指示をしっかり聞く。

合　格＝手助けを必要としない / 自立している，芽生え（高か低）＝手助けがあってできる
不合格＝作業のどの部分も完成できない

4　考察

　タケシは，「TTAPフォーマルアセスメント」の結果にあるように職業スキルや職業行動，自立機能の面においての評価が高い。現場実習での「毎日の達成チャート」においても，同様のことがいえる。一方で，余暇スキルや対人行動の得点が低い。

　このように「TTAPフォーマルアセスメント」においても「毎日の達成チャート」においても共通して課題がみえていることから，獲得しているスキルを発揮し，活用することができるよう，余暇スキルや対人行動における支援が必要である。

　また，直接観察尺度の余暇スキルにおいて合格点が高いが，学校／事業所尺度の余暇スキルにおいては，芽生えが高くなっている。私生活においては，パソコンや小説，絵等を書くこと，電車で自分の好きなところに行くなど，十分に一人で余暇を過ごすスキルを獲得している。しかし，「TTAPフォーマルアセスメント」の学校／事業所尺度の対人行動で，「206. 慣れた人々に好ましい行動を示す」「215. かんしゃくを制御し建設的に不満を表明する」「211. グループ活動に参加する」「212. 特定の人々との仲間関係を求める」に芽生えがみられるように，職場という集団の中で，自分が獲得している余暇スキルが活用できない状況である。

　このようなことから，特に職場での休憩時間における過ごし方を，職場環境のアセスメントも併せて検討し，適切に支援を行う必要がある。

事例7　タツオ

高齢者介護に求められるスキルへの支援

1　対象者の特性と進路の希望

　知的障害特別支援学校高等部2年，男子。

　乳児期は，一人歩きは1歳5ヶ月から，片言の始めは1歳6ヶ月からみられた。幼児期は，二語以上の言葉がなかなか出ず，友達と一緒に遊ぶこともあまりなかった。5歳時に自閉症と診断され，療育手帳（B2）を取得した。

　小学校1年時から4年時まで通常学級に在籍し，5年時からは特別支援学級に転入した。行動面の特性としては，自分の気持ちをコントロールすることが難しいため，思い通りにならないとすねてしまったり，怒り出したりすることがある。

　WISC-Ⅲの検査結果は，FIQ43，VIQ46，PIQ53，群指数VC（未満），PO（58），FD（59），PS（52）であった。言語性下位検査は評価点1～5の範囲に分布し，数唱が最も高い。一方，動作性下位検査は評価点1～9の範囲に分布し，迷路が最も高く，評価点9であった。

　健康状態は良好で，水泳と合気道が趣味である。また，本を読んで休憩時間を過ごしたり，スマートフォンを活用したりすることができる。高等部卒業後は，訪問介護員2級養成研修課程修了を目指している。

98 第2部 事例

2 事前調査と支援の方向性

事前調査として，TTAPの2つの検査を実施した。

1）「TTAPフォーマルアセスメント」の実施と結果

まずは「TTAPフォーマルアセスメント」を実施した。その結果が図1である。

直接観察尺度では，自立機能で合格が多く，職業行動で芽生えが高い。家庭

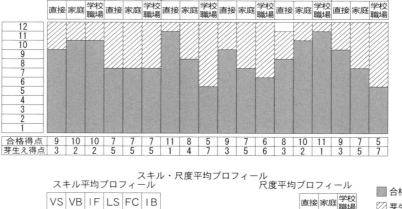

図1 「TTAPフォーマルアセスメント」の結果

尺度では，全般的に芽生えが高い。また，学校／事業所尺度では，自立機能，余暇スキル，対人行動で芽生えが高い。

それぞれの6領域別にみられた結果を**表1**に示す。

表1　行動観察における領域別の結果の一部

職業スキル
直接観察尺度では，「7.（項目番号，以下同じ）旅行キットのパッケージング」「8. 単語カードの配列」「10. 番号による索引カードの収納」で芽生えがみられた。家庭尺度では，「74. 日常的に使うものの分類」「81. ベッドメイキング」で芽生えがみられた。学校／事業所尺度では，「150. 測る・量る」「152. 作業場所を清潔にする」で芽生えがみられた。これらのことから，職業スキルは高く，機械や道具の操作もある程度行えると思われる。

職業行動
職業スキルに比べてどの尺度も芽生えが多く，指示を受け入れたり，修正に従ったり，また，数種類の指示を覚えて行動すること等が苦手である。

自立機能
直接観察尺度と比べ，家庭尺度，学校／事業所尺度に芽生えが多くみられた。
時間的経過があったり，他に刺激となるものがあったりすると妨げになってしまうことがある。

余暇スキル
どの尺度も他の人と協調することに芽生えがみられるが，一人で自由時間を過ごすことができるし，各種催し物への興味関心もある。また，一人でファストフード店を利用することもできる。

機能的コミュニケーション
どの尺度もいくつかの芽生えはみられるが，どうすればよいか理解している場面ではコミュニケーションを図ることができる。逆に電話のメッセージなどあまり経験がないものは苦手である。

対人行動
どの尺度もいくつかの芽生えはみられるが，学校／事業所尺度が最も低い。家庭尺度でみられた芽生えと併せて考えると，慣れた場所や親しい人（親や友達など）に対しては，適切なマナーやルールを守ることができるが，初めての場所や人に対しては難しいようである。

2）「地域でのチェックリスト」の実施と結果

　「TTAPフォーマルアセスメント」の結果から，タツオの職業に対する能力や強みを把握したが，それらと実際の現場実習先との適合性をスクリーニングする目的で，「TTAPインフォーマルアセスメント」の一つである「地域でのチェックリスト」を実施した。結果は**表2**のとおりである。

　この結果，タツオの獲得しているスキルの割合は，事務（59％），家事（93％），倉庫／在庫管理（67％），図書（67％），造園／園芸（67％）であり，家事の獲得スキルが一番高いことがわかる。

3）結果から考える

　以上の結果を併せて検討し，タツオの職種に対する適性をもとにして進路指導を行った。本人の希望も踏まえ，高齢者デイケアセンターで現場実習を実施することになった。

表2　「地域でのチェックリスト」の結果

事務	家事	倉庫／在庫管理	図書	造園／園芸
☑パソコンの使用	☑ほこり払い	☑在庫品調べ	□カード目録の使用	☑じょうろやホースでの植物の水やり
☑ワープロの使用	☑掃除機がけ	☑品物の特定	☑本を探すための本棚の見渡し	☑除草
☑データ入力	☑ほうき・ちり取りがけ	□注文受け	☑本の配置	☑植物の鉢植え
□タイプ：原稿修正	☑モップがけ	☑箱からの品物詰め	☑書架棚の認識	☑穴掘り
□ファイル	☑テーブル拭き	□箱への品物詰め	☑返却された本のカードの差し替え	□道具の運搬
☑数字による分類	☑窓と鏡の掃除	☑ラベルを前にして棚への陳列	□参考文献の検索と使用	□芝刈り
☑文字による分類	☑清掃場所の確認	☑荷物の持ち上げ		□草刈り機の使用
☑コピー機の使用	☑清掃用具の確認	☑ラベルと値札づけ		☑種まき
□用具そろえ	☑洗濯機の使用	☑貯蔵と積み重ね		☑落ち葉集め
□封筒への用紙詰め	☑乾燥機の使用	☑物の収納		☑野菜の採取
☑電話帳の使用	☑洗濯物たたみ	☑品物集め		□生垣刈り
☑電話の応答	□リサイクル品の分類	□テープ貼りと郵送		☑容器での水やり
□はさみの使用	☑ベッドメイキング			
☑文書のシュレッダーがけ	☑レシピを使った食事の用意			
☑名刺ホルダーへの名刺の整理	☑カットとスライス			
□スキャナーの使用	☑電子レンジの使用			
□ラミネート	☑電気やガスのレンジの使用			
	☑安全手順に従う			
	☑ポット用流し台の使用			
	☑食器洗い機の使用			
	☑きれいな皿と汚れた皿の確認			
	☑未使用の皿の分類と収納			
	☑調味料詰め			
	☑トレイからの品物の除去			
	☑レジ係			
	☑他の人への食べ物の給仕			
	☑手袋はめ			

（☑：合格，□：不合格）

3 現場実習

いよいよ現場実習である。

事前調査の結果を踏まえて，「TTAPインフォーマルアセスメント」の「地域での実習現場アセスメントワークシート」および「毎日の達成チャート」を実施し，現場実習期間中にどの程度望ましいスキルを獲得することができたかを確認していく。

1）「地域での実習現場アセスメントワークシート」の実施と結果

「地域での実習現場アセスメントワークシート」は，現場実習の初日と最終日に行う。初日に行った結果が，**表3**である。

表3 「地域での実習現場アセスメントワークシート」(初日)の結果

仕事の内容(作業)	実行レベル			芽生えスキルに関して行ったあらゆる作業の修正点,視覚的構造化,指導方法についての記述
目標(作業課題が目標となるならチェック)	合格	芽生え(高か低で記述し,その基準も明記)	不合格	
✓・食器の準備		高・指示の仕方が抽象的だと,間違った食器を出したり,指示された食器棚がわからなかったりして困惑する。注意を受けると反論したり,言い訳をしたりしてしまう。		・視覚的な支援が必要。準備する物のセット内容の写真。
✓・おしぼりたたみ		高・スピードは遅い。示範を見せれば同じように行えた。かなりの枚数を根気よくたためた。教員が離れてもたたむスピードは落ちなかった。		・教員の示唆。
✓・お茶配り ✓・箸・茶碗・コップの準備		高・一人分の目安に自信がないが,「これくらいですか」と質問することはできた。食器を片手で配った。座席の近くに持っていかず,同じ位置から体を伸ばして配った。		・一人分のところに印をつける。 ・準備物の写真。

合 格=手助けを必要としない/自立している,芽生え(高か低)=手助けがあってできる
不合格=作業のどの部分も完成できない

2）「毎日の達成チャート」の実施と結果

初日に行った「地域での実習現場アセスメントワークシート」の結果から，毎日の巡回指導では，特に芽生えの部分への支援を中心に行った。

「地域での実習現場アセスメントワークシート」で見いだされた高い芽生えレベルにある特定の職業スキルを，「毎日の達成チャート」の職業スキルの項目に転記した。

転記した項目は，①食器の準備，②おしぼりたたみ，③お茶配り，箸・茶碗・コップの準備，の３点である。その他として，実習初日のアセスメント結果から，実習期間に重要だと思われる職業行動／自立機能スキル，余暇スキル，コミュニケーションスキル，対人スキルを見いだした。

また，１日目，７日目，11日目に実習を巡回した教員は，選定した目標に関して毎日のタツオの仕事の実施状況を記入した。

その結果が，**表４**である。

以下に，「毎日の達成チャート」の各領域における結果を示す。

①職業スキル

食器の準備は芽生えであった。状況に応じて作業スピードを上げることについては現段階では難しいので，スピードが要求されない仕事，あるいはていねいさが評価される仕事がよいと思われる。また，示範があればある程度の作業はできる。お茶配りは芽生えであった。食器を両手で持つことや利用者の近くまで行き「どうぞ」等の言葉を添えて食器を置くこと等，お茶配りでの工程を確認する必要がある。

②職業行動／自立機能

合格である。

③コミュニケーション

注意を受けたときの態度や言葉づかいが課題の一つとなっている。このことについては，本人も自覚しているがなかなか改善することが難しいので，今後，

表4 「毎日の達成チャート」の結果

実習内容		日数 1	日数 7	日数 11	構造化／設定	コメント
職業スキル	・食器の準備	EH	EH	EH	・視覚的な支援が必要。準備する物のセット内容の写真。	・指示の仕方が抽象的だと，間違った食器を出したり，指示された食器棚がわからなかったりして困惑する。注意を受けると反論したり，言い訳をしたりしてしまう。
職業スキル	・おしぼりたたみ	EH	EH	P	・教員の示範。	・スピードは遅い。示範を見せれば同じように行えた。かなりの枚数を根気よくたためた。教員が離れてもたたむスピードは落ちなかった。
職業スキル	・お茶配り ・箸・茶碗・コップの準備	EH	P	P		・一人分の目安に自信がないが，「これくらいですか」と質問することはできた。食器を片手で配った。座席の近くに持っていかず，同じ位置から身体を伸ばして配った。
職業行動／自立機能	・エプロンづけ	EH	EH	EH	・鏡をみてひもの結び方を確認する。	・エプロンのひもを一人で結ぶことができなかったので，一緒に結び方を確認した。
余暇スキル	・休憩時間の過ごし方	EH	P	P	・過ごし方を事前に決める。	・本を持参，それを読みながら休憩時間を有意義に過ごすことができた。
コミュニケーション	・あいさつ，返事，報告	P	P	P		・適切に行うことができた。
対人スキル	・利用者との会話	EH	EH	P		・利用者との会話では，うなずきながら話を聞くことができた。

P(Pass)＝合　格，EH(Emerge High)＝高い芽生え，EL(Emerge Low)＝低い芽生え
F(Fail)＝不合格，NM(Not Measured)＝検査されていない

タツオにあった日々の指導の手だてを考える必要がある。

④余暇スキル

合格である。

3）「地域での実習現場アセスメントワークシート」の実施と結果

現場実習の最終日にも「地域での実習現場アセスメントワークシート」を実施した。その結果が表5である。

以下に，現場実習での様子をまとめる。

①職業スキル

箸・茶碗・コップの準備はカードをみながら，一人で配ることができた。また，途中からカードをみなくてもできるようになり，「できます」と自信を持つことができた。配膳は，何をすればよいかわかっていたがスピードは遅かった。しかし，その際，食器を両手に持ってていねいに配膳するなど，利用者の方を敬う様子がみられた。

②対人スキル

利用者の方との関わりでは，優しく思いやりの気持ちがあるのは良い点であると思われる。しかし，会話が続かず，話しを聞く際に相槌ができないことが多かった。このことから，コミュニケーションがうまく取れないと高齢者を相手にする対人援助は難しいのではないかという指摘を受けた。

事前指導と事後指導データフォームとして「地域での実習現場アセスメントワークシート」を使用することで，場面間，経過時間ごとの作業の比較分析をする累積的なアセスメント一覧や支援におけるデータ収集を簡素化することができた。

表5 「地域での実習現場アセスメントワークシート」(最終日)の結果

仕事の内容(作業) ↱目標(作業課題が目標となるならチェック)	実行レベル			芽生えスキルに関して行ったあらゆる作業の修正点,視覚的構造化,指導方法についての記述
	合格	芽生え(高か低で記述し,その基準も明記)	不合格	
✓・食器の準備		高・指示の仕方が抽象的だと,間違った食器を出したり,指示された食器棚がわからなかったりして困惑する。注意を受けると反論したり,言い訳をしたりしてしまう。		・視覚的な支援が必要。準備する物のセット内容の写真。
・おしぼりたたみ	✓			・教員の示範。
・お茶配り ・箸・茶碗・コップの準備	✓			・一人分のところに印をつける。 ・準備物の写真。
✓・エプロンづけ		高・エプロンのひもを一人で結ぶことができなかったので,一緒に結び方を確認した。		・鏡をみてひもの結び方を確認する。
・休憩時間の過ごし方	✓	・本を持参,それを読みながら休憩時間を有意義に過ごすことができた。		・過ごし方を事前に決める。
・あいさつ,返事,報告	✓	・適切に行うことができた。		
・利用者との会話	✓	・利用者との会話では,うなずきながら話しを聞くことができた。		・相手をみて,指示をしっかり聞く。

合　格＝手助けを必要としない／自立している,芽生え(高か低)＝手助けがあってできる
不合格＝作業のどの部分も完成できない

4 考察

　タツオは，「TTAPフォーマルアセスメント」の結果にあるように職業スキルや機能的コミュニケーションの領域において評価が高い。現場実習での「毎日の達成チャート」においても，コミュニケーションは合格となっていることが多い。

　高齢者デイケアセンターでの現場実習では，利用者の方との関わりの中で，優しくて思いやりがあり，また，利用者の方を敬う気持ちがみられるなど，気持ちの優しい部分が良い評価を受けた。この部分については，学校や家庭で練習をすることで，事業所の求める仕事により近づくのではないかと考える。

　高齢者デイケアセンターの利用者は，増加が考えられることから，今後は，現場実習をとおしながら，求められるスキルを整理し，授業作りを検討することが必要である。

事例8　ショウ

> フォーマルアセスメントを活用した
> 自己理解を深める支援

1　対象者の特性と進路指導の方向性

　知的障害特別支援学校高等部3年，男子。

　1歳6ヶ月検診時より，多動，一人遊び，視線の回避などがみられ，自分の要求が通らないと激しいパニックを起こしていた。言語はやや発語が遅れ，1～2歳頃は独り言や反響言語が多かった。3歳頃からは急速に発達し，他者との会話ができるようになったが，自分の言いたいことを一方的に話すことが多かった。5歳時にHFAと診断された。

　知能や言語発達に目立つ遅れはなかったため，小学校通常学級に在籍したが，対人関係のトラブルが多く，他の児童から些細なことで注意されただけで，パニックとなり，物を投げたりしてガラスなどを壊すことが多くみられた。

　語彙数は非常に豊富で，かなり難しい語彙を使って話すことができる。しかし，逆に形式張っていたり，不必要に難しい言い回しを選んだりすることがある。言葉を全く字義通りに理解するため，思わぬトラブルを起こすこともある。また，比喩や冗談がわからない，抽象的な概念，仮定のことが理解できないなどの特徴がみられる。さらに，気持ちや感情をうまく表現できないことや相手の立場に立ち考えることが難しいなど，対人関係面において多くの困難さを抱えている。

　WAIS-IIIの結果は，FIQ86，VIQ91，PIQ85であった。

　パソコンが趣味で，日本語ワープロ検定第2級（日本情報処理検定協会）とExcel表計算処理技能認定第3級（ソフトウェア活用能力認定委員会）をそれぞれ取得した。

療育手帳はB2外との診断を受けたので，相談機関との連携により精神障害者保健福祉手帳2級を取得し，一般企業障害者枠での就労を目指すことにした。

　まずは，「TTAPフォーマルアセスメント」を実施し，その結果を本人に説明する。合格，芽生え，不合格の項目を中心に，「TTAPフォーマルアセスメント」への取り組みの様子なども併せて本人と一緒に確認する。そして，その内容をもとに，現場実習の際に活用するサポートカードへの記入内容を検討することにした。

2 事前調査

1)「TTAPフォーマルアセスメント」の実施と結果

事前調査として,「TTAPフォーマルアセスメント」を実施した。その結果が図1である。

直接観察尺度では,自立機能,余暇スキル,対人行動の全ての項目に合格している。家庭尺度,学校／事業所尺度では,自立機能,余暇スキル,対人行動で芽生えがみられた。

検査得点プロフィール

	職業スキル			職業行動			自立機能			余暇スキル			機能的コミュニケーション			対人行動		
	直接	家庭	学校職場	直接	家庭	学校職場	直接	家庭	学校職場	直接	家庭	学校職場	直接	家庭	学校職場	直接	家庭	学校職場
合格得点	11	10	11	10	10	11	12	9	10	12	11	9	11	12	12	12	8	8
芽生え得点	1	2	1	2	2	1	0	3	2	0	0	3	1	0	0	0	4	4

スキル・尺度平均プロフィール

スキル平均プロフィール

	VS	VB	IF	LS	FC	IB
合格平均	10.7	10.3	10.3	10.7	11.7	9.3
芽生え平均	1.3	1.7	1.7	1.0	0.3	2.7

VS=職業スキル
VB=職業行動
IF=自立機能
LS=余暇スキル
FC=機能的コミュニケーション
IB=対人行動

尺度平均プロフィール

	直接	家庭	学校職場
合格平均	11.3	10.0	10.2
芽生え平均	0.7	1.8	1.8

■合格　☒芽生え　□不合格

図1 「TTAPフォーマルアセスメント」の結果

それぞれの6領域別にみられた結果は，**表1**のとおりである。

表1 行動観察における領域別の結果の一部

職業スキル
直接観察尺度では，課題全般の理解はある程度できており，職業スキルに関してあまり問題はない。
自分の持ち物や課題の材料を整頓することは弱いようである。入れる場所をはっきりさせたり，目印や容器を使って自分でやるようにしたりすればよいと思われる。

職業行動
直接観察尺度の「13.（項目番号，以下同じ）封入作業」では，6セットから12セットを仕上げることができたが，封入に時間がかかり生産性でも芽生えを示した。ていねいさを意識して作業や生産性に時間がかかったので，芽生えにした。流れ作業，監視者なしでの作業，騒音のある状況での作業もきちんと行うことができた。

自立機能
直接観察尺度では全ての項目で合格であった。

余暇スキル
一人で時間を過ごすことに不自由はない。

機能的コミュニケーション
直接観察尺度では，「60. 電話メッセージの録音」で芽生えを示した。また，たとえ記入欄が間違っていても，メッセージ用紙に少なくとも一つの情報を正しく書くことができた。

対人行動
家庭尺度では，「134. 初めての人に対して好ましい行動をとる」「135. 好ましくない行動をとる－攻撃，所有物破壊」「138. 他の人の存在を意識して反応する」「143. かんしゃくを制御し不満を建設的に表現する」で芽生えを示した。

2）「TTAPフォーマルアセスメント」の結果説明

「TTAPフォーマルアセスメント」の結果を本人に説明（説明内容は**表2**）し，自分自身の特性や強みに関する共通理解を図った。その際，合格（強みの部分），芽生え（課題となる部分），芽生えに対する支援法（こんなサポートがあれば）を中心に説明し，「TTAPフォーマルアセスメント」への取り組みの様子なども併せて確認した。

表2　「TTAPフォーマルアセスメント」の結果の説明内容

評価等	内　容
合格（強み）	・課題を理解することが早く，作業スピードも速い。 ・休憩時間等，一人で時間を過ごすことができる。
芽生え（課題）	・作業を進める際，作業量や速さを意識してしまうことが多く，正確にできているかどうかを確認することが不足している。 ・仕事を進める際に，作業効率が上下し，一定の割合で働くことが難しいときがある。 ・対人関係面では，初めての人に対して好ましくない行動をとることがある。 ・他の人の存在を意識して反応することがある。 ・かんしゃくを制御し，不満を建設的に表現することができないなど，自分の感情をコントロールすることが難しいときがある。
芽生えに対する支援法	・仕事のスピードよりも正確さを意識させて欲しいこと。 ・報告場面等では，話の内容がよく伝わらない場合は，ゆっくり話すように，また，わかりやすく話すように言葉がけをして欲しい。 ・指示内容は，言葉だけではなく，紙に箇条書きにするなど，視覚的な支援を活用して欲しい。 ・イライラ等の感が高まったら，落ち着く場所に移動し，その後に，話を聞いてもらうようにして欲しい。

3　サポートカードでの支援

今回は，サポートカードを作成し，現場実習で活用することにした。

1）作成

「TTAPフォーマルアセスメント」の結果説明をしたあと，ショウ本人と現場実習で活用するサポートカードの記入内容の検討を行った。

「自分の特技・特性」の項目への記入内容は，ショウ本人が検討した。「課題」「こんなサポートがあれば」の項目は，教員が作成した内容を，ショウ本人と教員とで確認をしながら修正をした（図2）。

（1）自分の特技・特性

指示理解力があるので，難しい言葉を使っての指示でも十分理解できること，スピードを意識しながら作業できることなどを記入した。また，パソコン操作が得意で，日本語ワープロ検定第2級とExcel表計算処理技能認定第3級をそれぞれ取得していることも，本人の強みとして記入内容に含めた。さらに，休憩時間は，イラストを描いたり，読書をしたりすることで，一人で時間を過ごすことができるという内容も加筆した。

（2）課題

作業への取り組みでは，作業を進める際，作業量や速さを意識してしまうことが多く，正確にできているかどうかを確認することが不足していることや，作業効率が上下し，一定の割合で働くことが難しいときがある，などの内容を確認した。

また，対人関係面で困難さを感じている内容について，本人と確認を行った。その際，早口だったり，難しい言葉を使用したりすることで話が長くなり，内容が相手に伝わらなかったりすることがある，特に「報告の場面で緊張してしまい，早口になってしまうことが多くみられる，などの内容を課題とすること

★サポートカード★

自分の特技，特性
- イラストを描いたり，読書が好きです。
- パソコンを使って文章を打ったり，インターネットで調べたりすることができます。
- ワープロ検定2級の資格を持っています。
- 四字熟語やことわざなど，難しい言葉をよく知っています。

写真

課題など
- 早口だったり，話が長くなったりして，伝えたい内容が相手にうまく伝わらないことがあります。
- 大きな声や音，しつこい言動，強い言葉での注意が苦手で，不安定になります。
- 興味のないことには，周りの動きを気にせず，単独行動をとることがあります。
- 仕事の効率を上げることと，ていねいさとのバランスが難しいときがあります。

こんなサポートがあれば…
- 本人の話している内容がわからないときには，もっとゆっくり，わかりやすく話すように言葉かけをしてください。
- 言葉だけで指示が通らなかったときには，紙に箇条書きにして伝え，ゆっくりと繰り返し指示を出してください。
- 感情的になったときには，別の静かな場所で落ち着くまで待って，話を聞いてください。
- 「次は何をしますか」等の言葉をかけると，自分で判断し，次の仕事に移ることができます。
- 仕事を正確に行うことを第一に考えるよう言葉かけをすると，自分で意識して取り組むことができます。

実習の目標
- ■職場の人の話をよく聞いて仕事を行うことができる。
- ■指示された仕事内容を，全て終了したかどうかを自分で確認，見直しをしてから報告をすることができる。
- ■仕事内容や作業状況に応じて，自分でよく考えて，適切な質問をすることができる。

図2　サポートカード

を確認した。

さらに、大きな声や音、しつこい言動、強い言葉での注意等が苦手で、不安定になることがあるなど、関わり方に関する内容について確認した。

（3）こんなサポートがあれば

現場実習中に、本人の課題となる点について、具体的なサポートの方法について記入し、支援に対する理解を求めた。具体的な記入内容を以下に示す。

作業への集中や作業効率面に関してである。作業効率以上に、仕事の正確さが求められるので、「仕事を正確に行うことを第一に考えるよう言葉かけをすると、自分で意識して取り組むことができます」という内容を記入した。

次に、本人が報告する場面についてである。対人関係面での本人の特性を十分理解してもらうことが大切なので、「本人の話している内容がわからないときには、もっとゆっくり、わかりやすく話すように言葉かけをしてください」という内容を記入した。

そして、指示理解の場面では、「言葉だけで指示が通らなかったときには、紙に箇条書きにして伝え、ゆっくりと繰り返して指示を出してください」「次は何をしますか等の言葉をかけると、自分で判断し、次の行動に移ることができます」という内容を記入した。

最後に、感情のコントロールへの支援として、「感情的になったときには、別の静かな場所で落ち着くまで待って、話を聞いてください」という内容を記入した。

2）サポートカード作成の利点

現場実習では、パソコンでのデータ入力を中心とした事務補助関係の仕事を担当することになっていたので、自分が今まで身につけてきたスキルを十分に活用することができると、意欲的に内容を検討することができた。

また、課題となる点については、報告の場面を中心に、対人関係面で課題となる点が多くみられるので、現場実習の目標にも設定した。さらに具体的な支

援方法については，学校生活の場面での様子を参考に，教員が具体的にどのような支援を行っているか，実際の場面での様子を振り返ることを行い，職場で必要となる支援について確認した。

　これらのことで，自分に必要な具体的な支援について理解を深めることができた。

4　現場実習

　現場実習では，本人が就労を希望する事務補助の仕事が中心だったので落ち着いて仕事ができ，また，意欲的に取り組む様子もみられた。

　仕事面については，パソコンでのデータ入力で，入力の場所や方法についての指示を理解することはできたが，ミスが目立った。入力が正確にできると思い確認せず進めていたが，時々入力の順番を間違えることがあったので，入力の終了した部分を蛍光ペンで塗りつぶし，終了の確認を必ず行うようにした。

　休憩時間の過ごし方については，ノートに絵を書いたり本を読んだりするなど，一人で目的を持ち，過ごすことができた。しかし，休憩時間いっぱいまで休憩し，午後の仕事開始時間になった後にトイレに行く様子がみられたので，トイレは休憩時間内にすませ，午後の開始時間からはすぐ仕事に取り組めるようにしておくなど，仕事の準備の大切さについて確認した。

　気持ちのコントロールについては，個人情報の書かれた用紙を裏返さずに離席してしまったことを注意され，言われたことに対して戸惑いがみられた。その後に，説明を聞くことで納得し自分の気持ちを落ち着けることができた。

　対人関係面については，作業終了後の報告はしっかりできているが，自分で行った仕事に対する確認の不十分な面がみられた。早く報告しなくてはという気持ちが先に出てしまい不十分になりがちであった。また，データ入力の際に，自分で読めない漢字が出てきたときに，質問できずにいたことが何度かあった。

　以上のことから，「TTAPフォーマルアセスメント」の結果を本人に説明し，

118　第2部　事例

本人が，現場実習中に使用するサポートカードの内容を自分自身で考えることで，自己理解を深めることができた。また，自分の得手不得手を改めて認識することで，苦手な出来事が起こったときの対処法についても自分で考えることができた。

現場実習での様子

5 結論

　今回は，TTAPの結果を，現場実習におけるサポートカードに活かしながら，自己理解を深める取り組みであったが，この取り組みをとおして，「こんなサポートがあればうまくいき，職場に定着していける」というように，自分に必要な支援を自分で理解できるなど，就労に向けて自分の職業能力や障害特性と向き合うことで，自己理解を深めることができたと思われる。

　具体的には，事後学習の中で現場実習を振り返りながら修正したことで，現場実習先にて，どのようなサポートがあればうまく仕事ができたか等を考えることができ，自己理解をさらに深めることができた。今後，職場定着し安定した就労生活を送るためにも，自分自身に必要な支援を理解したり，就労に向けて自分の職業能力や障害特性と向き合ったりすることなどをとおして，自己理解を深めていくことがとても大切になると考える。

　また，今回の取り組みは，就労後への職業生活に向けた個別移行支援計画の内容にもつながるものと考えられる。現在，個別移行支援計画は教員が作成し，その内容を就労先や関係諸機関等と共通理解を図っているが，個別移行支援計画の作成に関して，生徒本人の参画も考えられるのではないかと思われる。さらに，就労し，実際に職場で働く場面において，自分が必要としているサポートを積極的に自分から発信していく力を育てていくことにもつながるのではないかと考える。

事例9

現場実習における課題と自立活動との関連

1　はじめに

　2009年に改訂された特別支援学校学習指導要領解説自立活動編（幼稚部・小学部・中学部・高等部）においては，学習上もしくは生活上の困難の改善を図る自立活動の指導が重要であり，指導の一層の充実が求められている。また，指導する際は，一人一人の障害の状態や発達の状況等の的確な実態把握を踏まえ，6区分26項目の内容を参考として，系統的，発展的で具体的な指導内容を設定する必要があるとしている。

　特に，発達障害児童生徒に重要な人間関係の形成が新しい区分として加えられ，その項目には，他者との関わりや他者の意図や感情の理解，集団の中で適切に行動することなどが含まれており，発達障害児童生徒の障害特性に応じた教育課程を編成する際には重要な内容となっている。

　このようなことから，ASD生徒に対しては，すぐ目の前にある就労生活等を見据え，人間関係の形成などソフトスキルを中心とした内容を自立活動と関連づけながら教育課程を検討することが必要である。また，この際，現場における生徒の取り組み状況をアセスメントする必要があるが，これに関しては現場実習等などの職場体験が，実際の現場で直面する課題が明らかになるため極めて有効であると考えられる。

2 自立活動との関連

　清水（2016）は，特別支援学校高等部生徒の現場実習における課題に対する指導を教育課程に位置づける目的で，生徒の現場実習における課題を特別支援学校学習指導要領（2009年3月）の自立活動の6区分（**表1**）に合わせて整理

表1　自立活動の区分と内容項目

1　健康の保持 　(1)　生活のリズムや生活習慣の形成に関すること。 　(2)　病気の状態の理解と生活管理に関すること。 　(3)　身体各部の状態の理解と養護に関すること。 　(4)　健康状態の維持・改善に関すること。
2　心理的な安定 　(1)　情緒の安定に関すること。 　(2)　状況の理解と変化への対応に関すること。 　(3)　障害による学習上又は生活上の困難を改善・克服する意欲に関すること。
3　人間関係の形成 　(1)　他者とのかかわりの基礎に関すること。 　(2)　他者の意図や感情の理解に関すること。 　(3)　自己の理解と行動の調整に関すること。 　(4)　集団への参加の基礎に関すること。
4　環境の把握 　(1)　保有する感覚の活用に関すること。 　(2)　感覚や認知の特性への対応に関すること。 　(3)　感覚の補助及び代行手段の活用に関すること。 　(4)　感覚を総合的に活用した周囲の状況の把握に関すること。 　(5)　認知や行動の手掛かりとなる概念の形成に関すること。
5　身体の動き 　(1)　姿勢と運動・動作の基本的技能に関すること。 　(2)　姿勢保持と運動・動作の補助的手段の活用に関すること。 　(3)　日常生活に必要な基本動作に関すること。 　(4)　身体の移動能力に関すること。 　(5)　作業に必要な動作と円滑な遂行に関すること。
6　コミュニケーション 　(1)　コミュニケーションの基礎的能力に関すること。 　(2)　言語の受容と表出に関すること。 　(3)　言語の形成と活用に関すること。 　(4)　コミュニケーション手段の選択と活用に関すること。 　(5)　状況に応じたコミュニケーションに関すること。

（文部科学省，特別支援学校学習指導要領，2009年3月）

をしている（**表2**）。

　この表からもわかるように現場実習における課題はソフトスキルが中心であり，この課題に対する指導内容を自立活動に位置づけることで，事後学習等における指導の明確化を図ることができると考える。

表2　現場実習における課題と自立活動との関連

	自立活動	現場実習における課題
1	健康の保持	・休憩時間終了2分前にトイレに行き，作業開始時間に遅れる。 ・制服の更衣の時期がわからず，夏服に自分で変更できない。
2	心理的な安定	・仕事の間違いをした後，気持ちを切り替えて作業に集中できない。 ・作業終了時間近になって終了時間を気にしだした。 ・周囲の人の笑い声を聞き，不安定になった。
3	人間関係の形成	・他の人が座っていると休憩室に入ることができなかった。 ・報告や指示を受ける際に苦手さがみられ，自分で判断して仕事を進めることができなかった。 ・仕事内容を理解しての返事かどうかはわからない。
4	環境の把握	・FMや店内放送が気になり仕事に集中できなかった。 ・職場の室温が高く，仕事中に眠くなり休憩を多く取ってしまった。 ・休憩時間の人の多さに，気持ちが不安定になった。
5	身体の動き	・作業中に間が空くと，身体を前後に揺らす行動がみられた。 ・自分のペースで仕事をし，スピードを意識することがなかった。
6	コミュニケーション	・他のスタッフが注意されていると，自分が注意されたと考えてしまう。 ・スタッフの雑談の内容が理解できない。 ・一方的に自分の趣味の話をしてしまう。 ・報告，連絡の内容を理解することが難しかった。 ・休憩時間，決められた場所に他の従業員と一緒にいることができない。

3　現場実習事後学習での実践例

ここでは，現場実習での課題に対して，事後学習の中で取り組んだ指導事例を3つ紹介する。

1）指導事例1
（1）現場実習での課題
休憩時間に化粧室の洗面台を独占してしまうことが多くみられた。また，洗面台に落ちた髪をそのままにしていた。
（2）自立活動との関連
現場実習における課題と自立活動との関連について，**表3**に示す。

表3　現場実習の課題と自立活動との関連

区　分	内容項目
1　健康の保持	（1）生活のリズムと生活習慣の形成に関すること。
1　健康の保持	（4）健康状態の維持・改善に関すること。
3　人間関係の形成	（3）自己の理解と行動の調整に関すること。

（3）指導内容
公の場所にある洗面台や鏡の使用方法について，自分で時間を決めて使用し，他の利用者が使用する場合は使用をやめることなど，使用する際のマナーを確認した。また，他の利用者も自分同様に身だしなみを整えたいという気持ちを持っているなどの理解は難しかったので，ロールプレイをとおして順番を待つ人の気持ちを体験する学習を行った。
（4）指導後の様子
教員の言葉かけでは，なぜ髪を落としたままでいることがマナー違反になるのか理解ができなかったので，友達と並んで洗面台を使用する場面を自立活動

の時間に設け，落ちた髪をティッシュにまとめて捨てる様子を観察させることで適切な行動を身につけることができた。

2）指導事例2

（1）現場実習での課題

雨天時の通勤の際に，洋服を濡らしてしまい，着用していたスラックスの裾についたしみが目立った。その後，ワイシャツや頭髪等が濡れた状態で作業を続けていた。

（2）自立活動との関連

現場実習における課題と自立活動との関連について，**表4**に示す。

表4　現場実習の課題と自立活動との関連

区　分	内容項目
1　健康の保持	(3) 身体各部の状態の理解と養護に関すること。
2　心理的な安定	(2) 状況の理解と変化への対応に関すること。
3　人間関係の形成	(4) 集団への参加の基礎に関すること。

（3）指導内容

事後学習時に，登校後に更衣室内において，姿見，頭髪，服のしみやしわ，等の確認をしてから，朝会に参加するようにした。

（4）指導後の様子

状況を理解し，雨で服が濡れてしまったときへの適切な対応を学習することができた。このことで，通勤時の天候を確認したり，雨天時の際は通勤時間を早めにしたりすることなどを理解することができた。また，濡れた状況での職務遂行について，健康面への配慮や他の従業員からの視線等について理解することができた。

3） 指導事例3

（1）現場実習での課題

仕事をしているときに，業務確認や報告のタイミングがわからず，報告できないことが多くみられた。本人に話を聞くと，「従業員が話をしているときに報告すると注意されると思った」「従業員が一生懸命仕事をしているので，仕事の邪魔をしてしまうと思い，報告ができない」ということであった。

（2）自立活動との関連

現場実習における課題と自立活動との関連について**表5**に示す。

表5　現場実習の課題と自立活動との関連

区　分	内容項目
2　心理的な安定	(2) 状況の理解と変化への対応に関すること。
3　人間関係の形成	(2) 他者の意図や感情の理解に関すること。
4　環境の把握	(4) 感覚を総合的に活用した周囲の状況の把握に関すること。

（3）指導内容

担当者への報告や確認等は，ミーティングの後にすぐ行うこととした。また，日時や数などの欄を作り，用件を正確にメモできるような練習を繰り返した。報告するときは，本人にとって理解しやすい数や順番の内容を報告するようにして，担当者との会話に自信を持たせるようにした。

（4）指導後の様子

ミーティングの後に担当者が話しかけてくれるように依頼したため，担当者とは安心して会話ができるようになった。また，毎日同じ時間に繰り返されるミーティングの後に，話す場面が設定されているため，本人は安心してその時間に報告や相談等を行うことができるようになってきた。

4　考察

　「毎日の達成チャート」の結果からみた現場実習における課題と自立活動の6区分26項目との関連について検討した。
　自立活動の具体的な指導内容は，6区分26項目の中から必要とする項目を選定し，それらを相互に関連づけて設定する必要がある。一つの指導目標を設定したとしても，目標を達成するためには，指導内容が複数の区分や項目に該当する場合も出てくるため，複数の区分や項目を組み合わせて具体的な指導内容を検討することが求められる。
　このことから，現場実習時における課題を，現場実習事後学習のみではなく，自立活動の区分と項目に位置づけて学習内容を検討し，授業づくりを行う必要がある。

事例10

「地域でのチェックリスト」（宇都宮版）の開発

1　はじめに

　筆者が以前所属していた宇都宮大学教育学部附属特別支援学校（以下，「宇大特支校」）では，年間３回の現場実習を実施しているが，生徒一人一人の実習先については，①進路に関するアンケート（年度始めに実施），②個別懇談，③学習への取り組み状況，④現場実習への取り組み状況，⑤本人および保護者の進路に関する希望等，をもとに，職業領域や協力事業所における職場環境等を併せ，総合的に検討した上で決定する。

　現場実習を進める際には，生徒一人一人の実態やニーズ等を把握し，持っている力を発揮できる事業所を選定し，適切な就労に向けての方向性を十分検討することが求められることから，「TTAPインフォーマルアセスメント」の一つである「地域でのチェックリスト」を取り入れ，整合性を確認している。これは，関連する現場実習とそこでアセスメントする重要な職業スキルの両方を見いだすために教員や支援者によって使われる簡便な引用フォームであり，ASD者を生産的な雇用に導く５つの主要な職業領域（事務，家事，倉庫／在庫管理，図書，造園／園芸）において獲得しているスキルを把握することが可能である。

　しかし，宇大特支校卒業生の就労先は，上記の５つの職業領域以外にも，製造業，清掃業，調理補助等，他の職業領域に就労をする例も多くみられ，地域産業との関連など，地域の実情に応じて進路指導を進める必要性を求められているのが現状である。

　梅永（2010）は，「実際の就労現場では地域差があり，また時代によっても産業構成が異なってくるため，それぞれの地域産業との関連から支援法をみつ

けていく必要がある」と，地域の実情に応じて進路指導を進める必要性を述べている。

以上のことから，地域の実情や特別支援学校から実際に就労している事業所や職業領域等を分析し，学校や地域の実情に合う「地域でのチェックリスト」を作成する必要があると考え，「宇都宮版」を検討することとした。

2　方法

1）「地域でのチェックリスト」（宇都宮版）の職業領域の検討

（1）対象

宇大特支校高等部卒業生67名（2007～2013年度）の内，一般企業就労者32名。

（2）手続き

宇大特支校高等部卒業生一般企業就労者の職業領域および宇都宮市の産業構成を分析する。

具体的には，①宇大特支校高等部卒業生一般企業就労者の年度別就職率および職業領域別割合の分析，②障害者合同面接会産業別参加事業所割合を参考に，宇都宮市の産業構成の分析を行う。これにより，宇大特支校高等部卒業生の居住地である宇都宮市において，ASD生徒の障害特性に合う職業領域を明らかにする。

2）「地域でのチェックリスト」（宇都宮版）の対象となる職業領域のスキル項目の検討

（1）対象

宇大特支校高等部卒業生67名（2007～2013年度）の内，一般企業就労者32名。

（2）手続き

「地域でのチェックリスト」（宇都宮版）の職業領域の検討から導き出した，対象となる職業領域に対し，その職業領域の事業所で現場実習を実施した生徒の現場実習記録から取り組み状況を分析し，実際の実習現場で求められるスキ

ル内容を見いだす。この際，現場実習の記録として活用した，「毎日の達成チャート」の職業スキルの欄に記入した作業内容について分析する。

3　結果
1）「地域でのチェックリスト」（宇都宮版）の対象となる職業領域の検討
（1）宇大特支校高等部卒業生一般企業就労者の職業領域分析

始めに，宇大特支校，栃木県内全特別支援学校，全国特別支援学校の年度別就職率（2007〜2013年度）を**表1**に示す。

宇大特支校の過去7年間の高等部卒業生は，2007年度10名，2008年度10名，2009年度8名，2010年度10名，2011年度9名，2012年度10名，2013年度10名の計67名で，その内，一般企業就職者は32名となっている。平均をみると，宇大特支校（47.3％），栃木県内全特別支援学校（34.3％）全国特別支援学校（25.1％）となっており，比較すると，宇大特支校が13〜22％程度高いことがわかる。なお，進路指導にTTAPを活用し始めた2010年度からを平均すると，就職率は59.0％である。これは，現場実習の際に，「TTAPインフォーマルアセスメント」を活用することにより，職場における環境調整の検討および生徒が獲得しているスキルを職業領域ごとに分析することをとおして，生徒一人一人の

表1　年度別就職率

年度	宇大特支校	栃木県内全特支校	全国特支校 (%)
2007	30.0	34.0	26.0
2008	40.0	38.0	24.0
2009	25.0	30.0	22.0
2010	50.0	33.0	24.0
2011	56.0	32.0	26.0
2012	70.0	34.0	28.0
2013	60.0	39.0	26.0

宇大特支校（宇都宮大学付属特別支援学校）
栃木県内全特支校（栃木県内全特別支援学校）
全国特支校（全国特別支援学校）

実態に合った現場実習先を選択することができ，就職率の向上につながったと考える。

次に，職業領域別割合を**表2**に示す。

職業領域別割合では，販売（28.0％），製造業（17.0％），調理・接客（14.0％）が上位を占めている。また，「地域でのチェックリスト」の5つの職業領域以外としては，販売，製造業，調理・接客，スーパーバックヤード，高齢者ケアセンター，物流・運送等の職業領域が挙げられる。

表2　職業領域別割合

職　種	割　合 (%)
販売	28.0
製造業	17.0
調理・接客	14.0
スーパーバックヤード	10.0
事務補助	10.0
図書館	7.0
高齢者ケアセンター	7.0
物流・運送	3.0
清掃業	3.0

（2）宇都宮市の産業構成の分析

宇都宮市は，人口約52万人，北関東圏の中心都市である。宇都宮市ものづくり産業振興ビジョン（2005）によると，宇都宮市の産業構造は偏りのないバランスのとれたものとなっており，その中でも特に，高度技術産業，モビリティ関連（航空宇宙・自動車・ロボット）産業の集積，ソフト系IT産業の集積が進展，産業支援機関，高等教育機関の集積等となっている。また，東北自動車道，北関東自動車道等の高速交通網が発達しており，物流の拠点地域でもある。

一方，中小製造業の減少が続き，新たな市場開拓への取り組み不足が目立っていることや，成長企業における人材育成および労働力の確保が困難であることなどが弱みとなっている。

市内には，清原工業団地，平出工業団地等，大規模な工業団地がいくつか存

在し，実際に卒業生が就職をしている。また，宇都宮市内にある就労継続支援Ｂ型事業所（全17事業所）中６つの事業所では，（株）Ａ自動車Ｂ工場と連携し，検品，数量確認等の出荷作業を請け負っている。さらに，スーパーマーケットや高齢者デイサービス事業所等が増加傾向にある。

次に，宇都宮地区における一般企業の障害者雇用状況を把握する目的で，障害者合同就職面接会参加事業所求人票の分析を行った。これは，障害者の就職促進・就業機会の拡大および障害者雇用率の向上のため，栃木労働局，各ハローワーク，栃木県が主催となり，県北地区・県央地区・県南地区の３地区で年間３回実施しているものである。図１は，過去３年間（2013～2015年度）のとちぎ障害者合同就職面接会（中央会場）参加事業所求人票一覧の求人内容から，産業別件数に整理し，その割合を示したものである。

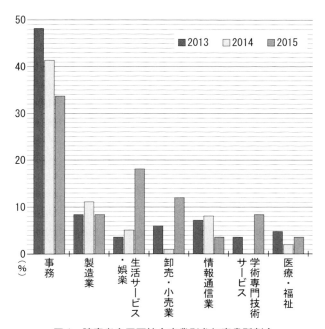

図１　障害者合同面接会産業別参加事業所割合

3年間の平均をみると，事務41.1％，製造業9.3％，生活サービス・娯楽8.9％，卸売・小売業6.3％，情報通信業6.3％，学術専門技術サービス4.0％，医療・福祉3.5％となっている。また，障害者合同面接会に参加する産業別事業所の中でも，事務，製造業，生活サービス・娯楽等の職業領域で障害者雇用の拡大を図る事業所が多くなっていることがわかる。この結果から，卒業生一般企業就労者の職業領域別割合で，製造業，調理・接客，スーパーバックヤード，高齢者ケア・デイケアを選択した。また，販売，物流・運送，清掃業は，物流の倉庫業務関係に販売，清掃等の業務が含まれることから，それらの業務を物流・運送業の中に含め，地域版に追加した。なお，事務補助，図書館については，「TTAPインフォーマルアセスメント」の「地域でのチェックリスト」に位置づけられているのでそのままとした。

以上のことから，「TTAPインフォーマルアセスメント」の「地域でのチェックリスト」（以下，TTAP版とする）にある5つの職業領域（事務，家事，倉庫／在庫管理，図書，造園／園芸）の他に，新たに5つの職業領域（製造業，物流・運送業，スーパーバックヤード，調理補助，高齢者ケア・デイケア）を追加し，宇都宮版の「地域でのチェックリスト」（以下，「宇都宮版」とする）とした。**表3**に「地域でのチェックリスト」の比較を示す。

表3 「地域でのチェックリスト」の比較

[TTAP版]	[宇都宮版]
1 事務	1 事務
2 家事	2 家事
3 倉庫／在庫管理	3 倉庫／在庫管理
4 図書	4 図書
5 造園／園芸	5 造園／園芸
	6 製造業
	7 物流・運送業
	8 スーパーバックヤード
	9 調理補助
	10 高齢者ケア・デイケア

2）各職業領域のチェック項目検討

次に，表3に挙げた「宇都宮版」の10の職業領域における，具体的なスキル項目について検討する。

方法は，10の職業領域について，現場実習を実施した生徒の「毎日の達成チャート」の内容から，実際に担当した職務内容について分析を行う。

表4は，実際に事務の職業領域にて現場実習を実施したASD生徒の「毎日の達成チャート」の結果であるが，職業スキルにある①データ入力，②シュレッダーの使用を「宇都宮版」に追加した。このように，実際に生徒が現場実習や一般企業就労後に行っている仕事内容を洗い出し，項目に含めた。併せて，

表4 「毎日の達成チャート」の結果

実習内容	評価	構造化／設定	コメント
職業スキル			
・全データ入力	EL	・確認した部分は蛍光ペンで塗る。	・指示を理解したていねいに行うことはできたが，確認が足りなかった。
・シュレッダーの使用	P		・シュレッダーをストップさせるときに，主電源でON，OFFの切り替えをしていた。指示を聞き，手元のスイッチで切り替え修正ができた。
職業行動／自立機能			
・仕事の正確さ	EL	・入力量の設定。	・入力量，速さを意識しすぎて，確認が足りないことがあった。速さよりも正確さを意識することが難しかった
余暇スキル			
・昼休みの過ごし方	P	・過ごし方リスト。	・自分の席で弁当を食べ，その後，持参したノートに絵を描いたり，本を読んだりして過ごすことができた。
コミュニケーション			
・指示された仕事の終了後，自分で確認しながら報告する。	EH	・机上の見えやすいところに，報告するときの決まりを書いた紙を貼る。	・指示された仕事の終了後に，「終わりました」と報告することができたが，確認が足りないことがあった。
対人スキル			
・接客用語	P		・特になし。

P(Pass)＝合　格，EH(Emerge High)＝高い芽生え，EL(Emerge Low)＝低い芽生え
F(Fail)＝不合格，NM(Not Measured)＝検査されていない

TTAP版の既存の項目から，地域の現状とは合わないものは削除した。

　家事，倉庫／在庫管理，図書，造園／園芸，製造業，物流・運送業，スーパーバックヤード，調理補助，高齢者ケア・デイケア，についても，事務と同様に，現場実習をそれぞれの職業領域で実施したASD生徒の「毎日の達成チャート」の実習内容から，求められるスキルを追加し，既存のものから合わないものは削除した。

　以下に，各職業領域それぞれのチェック項目設定について解説していく。表内に出てくる"（削除）"はTTAP版より削除した項目であり，"（新）"は，新たに加えた項目である。

（1）事務

事務のスキル項目について，TTAP版と「宇都宮版」を**表5**に示す。

現場実習での取り組みの内容から検討し，ワープロの使用，タイプ：原稿修正，文字による分類，用具そろえ，封筒への用紙詰め，電話帳の使用，はさみの使用，名刺ホルダーへの名刺の整理，ラミネートの9つのスキル項目は削除した。具体的には，現代の情報機器の活用状況から，ホチキスの使用や業務日誌の入力等を追加し，スキルの内容をより時代の変化に合わせることとした。また，指示等の確認が求められることが多いことから，メモの使用も追加した。

表5　事務

[TTAP版]	[宇都宮版]
□パソコンの使用	□パソコンの使用
□ワープロの使用（削除）	□データ入力
□データ入力	□個人作業（新）
□タイプ：原稿修正（削除）	□数字による分類：1桁の数字順
□ファイル	□アルファベット分類：1文字順（新）
□数字による分類	□コピー機の使用
□文字による分類（削除）	□シュレッダーがけ
□コピー機の使用	□ホチキスの使用（新）
□用具そろえ（削除）	□メモの使用（新）
□封筒への用紙詰め（削除）	□ファイル綴じ込み
□電話帳の使用（削除）	□棟内の移動（新）
□電話の応答	□業務日誌の入力（新）
□はさみの使用（削除）	□スキャナーの使用
□文書のシュレッダーがけ	□数字の修正（新）
□名刺ホルダーへの名刺の整理（削除）	□電話の取り次ぎ
□スキャナーの使用	
□ラミネート（削除）	

（2）家事

家事のスキル項目について，TTAP版と「宇都宮版」を**表6**に示す。

家事という項目ではあるが，家事全般というよりも，全ての職業領域に関して清掃のスキルが求められること，清掃業と社員食調理補助等に就職する事例が多数あることを踏まえて，「宇都宮版」は，①ルーム清掃部門，②社員食調理補助部門という2つの部門に分けて提示するようにした。

新たに追加した項目はないが，ほこり払い，レシピを使った食事の用意，電気やガスのレンジの使用，トレイからの品物の除去，レジ係，他の人への食べ物の給仕，手袋はめ，の7つのスキル項目は削除した。

表6　家事

[TTAP 版]	[宇都宮版]
□ほこり払い（削除）	①ルーム清掃部門
□掃除機がけ	□掃除機がけ
□ほうき・ちり取りがけ	□ほうき・ちり取りがけ
□モップがけ	□モップがけ
□テーブル拭き	□テーブル拭き
□窓と鏡の掃除	□窓と鏡の掃除
□清掃場所の確認	□清掃場所の確認
□清掃用具の確認	□清掃用具の確認
□洗濯機の使用	□洗濯機の使用
□乾燥機の使用	□乾燥機の使用
□洗濯物たたみ	□洗濯物たたみ
□リサイクル品の分類	□リサイクル品の分類
□ベッドメイキング	□ベッドメイキング
□レシピを使った食事の用意（削除）	
□カットとスライス	②社員食調理補助部門
□電子レンジの使用	□調理を行う
□電気やガスのレンジの使用（削除）	□計量
□安全手順に従う	□カットとスライス
□ポット用流し台の使用	□電子レンジの使用
□食器洗い機の使用	□ガス，IH の使用
□きれいな皿と汚れた皿の確認	□安全手順に従う
□未使用の皿の分類と収納	□ポット用流し台の使用
□調味料詰め	□食洗機の使用
□トレイからの品物の除去（削除）	□未使用の皿の分類と収納
□レジ係（削除）	□調味料詰め替え
□他の人への食べ物の給仕（削除）	
□手袋はめ（削除）	

（3）倉庫／在庫管理

倉庫／在庫管理のスキル項目について，TTAP版と「宇都宮版」を**表7**に示す。現場実習の取り組みの内容から検討し，在庫品調べ，注文受け，物の収納，品物集め，の4つのスキル項目を削除した。

注文受けは対人関係スキルが求められることから，「宇都宮版」からは削除した。また，現場実習時において，注文票に基づいて棚にある商品を取り出す作業を中心としたピッキング作業の内容が多くみられたので，バーコード読み取り，ハンディターミナル（携帯型情報端末機）の使用，出荷アイテム検品，台車での荷物運び，のスキル項目を追加した。

（4）図書

図書のスキル項目について，TTAP版と「宇都宮版」を**表8**に示す。

現場実習の取り組みの内容から検討し，6つの全てのスキル項目を削除した。具体的には，カード目録の使用，本を探すための本棚の見渡し，本の配置，書架棚の認識，返却された本のカードの差し替え，参考文献の検索と使用，のスキル項目を削除。そして，「宇都宮版」として新たに11項目を設定した。

また，現場実習を行った事業所では，移動図書館のサービスを提供しているところが多くみられた。移動図書館とは，書籍などの資料と職員を乗せた自動車などを利用して，図書館を利用しにくい地域の人のために各地を巡回して図書館のサービスを提供する仕組みである。そのため，求められるスキル項目に，移動図書館同行と子どもとの関わりを追加した。

付録づけとは，スーパーマーケット等の雑誌コーナーにある雑誌に付録を取りつける作業である。

表7　倉庫／在庫管理

[TTAP版]	[宇都宮版]
□在庫品調べ（削除）	□バーコード読み取り（新）
□品物の特定	□ハンディターミナルの使用（新）
□注文受け（削除）	□品物の特定
□箱からの品物詰め	□品物の取り出し
□箱への品物詰め	□箱への品物詰め
□ラベルを前にして棚への陳列	□出荷アイテム検品（新）
□荷物の持ち上げ	□ラベル貼り
□ラベルと値札づけ	□棚への陳列
□貯蔵と積み重ね	□荷物の持ち上げ
□物の収納（削除）	□台車での荷物運び（新）
□品物集め（削除）	□貯蔵と積み重ね
□テープ貼りと郵送	□テープ貼りと郵送

表8　図書

[TTAP版]	[宇都宮版]
□カード目録の使用（削除）	□本を並べる（新）
□本を探すための本棚の見渡し（削除）	□CDの配架（新）
□本の配置（削除）	□本の配架（新）
□書架棚の認識（削除）	□雑誌を番号順に並べる（新）
□返却された本のカードの差し替え（削除）	□バーコード読み取り（新）
□参考文献の検索と使用（削除）	□本の修繕（新）
	□新聞の綴じ込み（新）
	□移動図書館同行（新）
	□子どもとの関わり（新）
	□館内掲示物作成（新）
	□付録づけ（新）

(5) 造園／園芸

造園／園芸のスキル項目について，TTAP版と「宇都宮版」を**表9**に示す。現場実習の取り組みの内容から検討し，除草，植物の鉢植え，穴掘り，芝刈り，草刈り機の使用，種まき，落ち葉集め，野菜の採取，生垣刈り，容器での水やり，の10のスキル項目を削除した。

2008年度ごろから就労継続支援A型事業所の開所が多くなり，現場実習等を経て，実際に就労する生徒も増加している。作業内容としては，椎茸栽培および販売，清掃，観賞用水槽販売，弁当販売，農園芸など，職業領域の幅が広くなっている。「宇都宮版」としては，現場実習での作業内容を参考にし，椎茸栽培および農園芸関係の職業領域を中心に，スキル項目の検討を行った。

(6) 製造業

新たに設けた製造業のスキル項目について，「宇都宮版」を**表10**に示す。現場実習の取り組みの内容から検討し，9つのスキル項目を挙げた。職業スキルはもちろんであるが，それ以上に，職場環境における耐性や安全面への配慮，ミスの報告などを必要なスキルとして挙げた。

(7) 物流・運送業

新たに設けた物流・運送業のスキル項目について，「宇都宮版」を**表11**に示す。現場実習の取り組みの内容から検討し，9つのスキル項目とした。

宇都宮市には物流・運送業の事業所が多く点在しており，作業内容がピッキングや清掃等の仕事が中心ということで，多くのASD生徒が現場実習を行ったり，実際に就労したりしている状況である。

当初は，障害者雇用を行っている事業所が少なかったことから，ASD生徒の特性を十分理解してもらえるように，強みや支援方法，実際の職場での指導法や具体的な関わり方等について，事業所の職員に対して障害理解に関する研修会を実施して，伝えること等の取り組みが必要であったが，それらの取り組みの成果で，スキル項目として追加されたものもある。

表9　造園／園芸

[TTAP版]	[宇都宮版]
□じょうろやホースでの植物の水やり	□ハウス内作業（新）
□除草（削除）	□ホースでの水やり（新）
□植物の鉢植え（削除）	□菌床の扱い（新）
□穴掘り（削除）	□道具の運搬
□道具の運搬	□収穫
□芝刈り（削除）	□サイズ確認（新）
□草刈り機の使用（削除）	□商品弁別（新）
□種まき（削除）	□計量（新）
□落ち葉集め（削除）	□出荷箱詰め（新）
□野菜の採取（削除）	
□生垣刈り（削除）	
□容器での水やり（削除）	

表10　製造業

[宇都宮版]
□長時間労働（新）
□機械操作（新）
□構内環境への耐性：気温（新）
□機械音への耐性（新）
□規格品との比較（新）
□安全意識（新）
□健康管理（新）
□体力の維持（新）
□ミスの報告（新）

表11　物流・運送業

[宇都宮版]
□台車の使用（新）
□荷物の仕分け（新）
□荷物の上げ下ろし（新）
□構内清掃（新）
□運転免許の取得（新）
□アルファベット読み書き（新）
□住所表記が読める（新）
□電話取り次ぎ（新）
□荷物取り次ぎ（新）

(8) スーパーバックヤード

新たに設けたスーパーバックヤードのスキル項目について，「宇都宮版」を**表12**に示す。

現場実習の取り組みの内容から検討し，具体的には，①総菜部と②青果部とし，スキル項目の細分化を図った。

総菜部では8つ，青果部では6つのスキル項目をそれぞれ挙げた。

(9) 調理補助

新たに設けた調理補助のスキル項目について，「宇都宮版」を**表13**に示す。6つのスキル項目を挙げた。

シフト勤務については，ファミリーレストラン等での現場実習時に，従業員の勤務時間や勤務体制等に対して理解が難しい生徒がいたことから，スキル項目に加えた。また，店内環境への耐性については，生徒本人の感覚の問題とも併せてチェックをする必要がある。

(10) 高齢者ケア・デイケア

新たに設けた高齢者ケア・デイケアのスキル項目について。「宇都宮版」を**表14**に示す。19のスキル項目を挙げた。

生活サービス・娯楽の求人が増加していることもあり，現場実習を積極的に受け入れてくれる事業所が多くみられた。事業所内の清掃を中心としたスキル項目が中心となっているが，現場実習を何度か経験している生徒に関しては，利用者に対してのお茶出しやドライヤーがけ，散歩手伝い，送迎補助等のスキルが求められる。

事例10　145

表12　スパーバックヤード

[宇都宮版]

①総菜部
□計量（新）
□食材詰め（新）
□食材カット（新）
□盛りつけ（新）
□レシピの確認（新）
□調理器具の扱い（新）
□値札づけ（新）
□レジ入力（新）

②青果部
□計量（新）
□野菜の見分け（新）
□袋詰め（新）
□果物カット（新）
□野菜テープ巻き（新）
□品出し（新）

表13　調理補助

[宇都宮版]

□食洗機の使用（新）
□きれいな皿と汚れた皿の確認（新）
□皿の分類と収納（新）
□手袋の使用（新）
□店内環境への耐性
　：音，指示（新）
□シフト勤務（新）

表14　高齢者ケア・デイケア

[宇都宮版]

□玄関拭き掃除（新）
□掃除機がけ（新）
□洗面所清掃（新）
□洗濯物たたみ（新）
□手すり拭き（新）
□家具拭き掃除（新）
□食堂イス拭き（新）
□車いす清掃（新）
□配膳補助（新）
□お盆拭き（新）
□清掃（新）
□洗濯物配り（新）
□ベッドメイキング（新）
□お茶出し（新）
□食事準備（新）
□レク手伝い（新）
□ドライヤーかけ（新）
□散歩手伝い（新）
□送迎補助（新）

　以上の10の領域に渡るチェックリストで構成された「地域でのチェックリスト」を，「宇都宮版」とした（次頁，**表15**）。

表15 「地域でのチェックリスト」(宇都宮版)

事務	家事	倉庫／在庫管理	図書	造園／園芸
□パソコンの使用	**①ルーム清掃部門**	□バーコード読み取り	□本を並べる	□ハウス内作業
□データ入力	□掃除機がけ	□ハンディターミナルの使用	□CDの配架	□ホースでの水やり
□個人作業	□ほうき・ちり取りがけ	□品物の特定	□本の配架	□菌床の扱い
□数字による分類：1桁の数字順	□モップがけ	□品物の取り出し	□雑誌を番号順に並べる	□道具の運搬
□アルファベット分類：1文字順	□テーブル拭き	□箱への品物詰め	□バーコード読み取り	□収穫
□コピー機の使用	□窓と鏡の掃除	□出荷アイテム検品	□本の修繕	□サイズ確認
□シュレッダーがけ	□清掃場所の確認	□ラベル貼り	□新聞の綴じ込み	□商品弁別
□ホチキスの使用	□清掃用具の確認	□棚への陳列	□移動図書館同行	□計量
□メモの使用	□洗濯機の使用	□荷物の持ち上げ	□子どもとの関わり	□出荷箱詰め
□ファイル綴じ込み	□乾燥機の使用	□台車での荷物運び	□館内掲示物作成	
□棟内の移動	□洗濯物たたみ	□貯蔵と積み重ね	□付録づけ	
□業務日誌の入力	□リサイクル品の分類	□テープ貼りと郵送		
□スキャナー使用	□ベッドメイキング			
□数字の修正	**②社員食調理補助部門**			
□電話の取り次ぎ	□調理を行う			
	□計量			
	□カットとスライス			
	□電子レンジの使用			
	□ガス，IHの使用			
	□安全手順に従う			
	□ポット用流し台の使用			
	□食洗機の使用			
	□未使用の皿の分類と収納			
	□調味料詰め替え			

製造業	物流・運送業	スーパーバックヤード	調理補助	高齢者ケア・デイケア
□長時間労働	□台車の使用	**①総菜部**	□食洗機の使用	□玄関拭き掃除
□機械操作	□荷物の仕分け	□計量	□きれいな皿と汚れた皿の確認	□掃除機がけ
□構内環境への耐性：気温	□荷物の上げ下ろし	□食材詰め	□皿の分類と収納	□洗面所清掃
□機械音への耐性	□構内清掃	□食材カット	□手袋の使用	□洗濯物たたみ
□規格品との比較	□運転免許の取得	□盛りつけ	□店内環境への耐性：音，指示	□手すり拭き
□安全意識	□アルファベット読み書き	□レシピの確認	□シフト勤務	□家具拭き掃除
□健康管理	□住所表記が読める	□調理器具の扱い		□食堂イス拭き
□体力の維持	□電話取り次ぎ	□値札づけ		□車いす清掃
□ミスの報告	□荷物取り次ぎ	□レジ入力		□配膳補助
				□お盆拭き
		②青果部		□清掃
		□計量		□洗濯物配り
		□野菜の見分け		□ベッドメイキング
		□袋詰め		□お茶出し
		□果物カット		□食事準備
		□野菜テープ巻き		□レク手伝い
		□品出し		□ドライヤーかけ
				□散歩手伝い
				□送迎補助

4 考察

　今回,「TTAPインフォーマルアセスメント」の「地域でのチェックリスト」の職業領域を参考に,宇大特支校高等部生の進路状況や現場実習での取り組みの様子,地域の実情なども併せて検討し,「地域でのチェックリスト」(宇都宮版)を作成した(表15)。

　事務では,情報機器等が時代によって大きく変化することが考えられることから,現場実習等において各事業所が活用している機器等を常に把握しておく必要がある。

　家事では,全ての職業領域にて求められる清掃のスキルを分析しながら項目を検討することができた。清掃用具の時代の変化についても常に状況を把握しておく必要がある。

　倉庫／在庫管理では,TTAP版では,ピッキングの内容を,商品集めとしていたが,その際に使用する機材であるハンディターミナルの使用と具体的なスキル項目に変更を行った。

　図書では,TTAP版の6つのスキル項目が全て削除となり,新たに11の項目を設定した。このように,地域の実情によってかなりの違いがでてくるということも把握できた。各地域で作成する場合は,これらの情報を収集し,詳細に検討する必要がある。

　造園／園芸では,今後も,就労継続支援A事業所での雇用契約を行い,就労する生徒の増加が考えられるので,現場実習での状況はさらに詳しく分析し,スキル項目を検討していくことが求められる。

　製造業では,作業内容はもちろんであるが,その他として職場環境のアセスメントを十分に行うことが必要である。

　物流・運送業では,職業スキルの他に,アルファベット読み書きや住所表記が読める等,伝票標記の把握に関するスキル項目を追加した。

スーパーバックヤードでは，総菜部と青果部の二つに分けてスキル項目を検討した。現場実習では，報告，質問，ミスしたときのヘルプスキル等，対人関係面でのスキルも求められるので，今後検討する必要がある。

調理補助では，ファミリーレストランでの現場実習から就職につながった事例が多くみられた。ファミリーレストランの作業場は視覚支援が多く，アルバイト用のマニュアル等も充実しており，生徒にはわかりやすい職場環境となっている。

高齢者ケア・デイケアは，前掲の図1（p133）で示したとおり，生活サービス・娯楽の求人が多くみられ，現場実習の実施や実際の就労につながる事例の増加がみられる職業領域となっている。スキル項目は職業スキルがほとんどであるが，余暇支援など対人関係面でのスキルも求められることがあるので，今後検討していく必要がある。

このようにして作成した「宇都宮版」は，教員が進路の方向性を検討する際の資料となるが，その他の活用方法として，生徒自身が項目チェックを行うことで，希望する職種からどのようなスキルが求められているのかなど，自分が現在獲得しているスキルとの摺り合わせなどにも活用できるのではないかと考える。また，実際にこのような取り組みを行うことで，自己理解を深めることにもつながる。さらに，現場実習の事後学習等で，本人による振り返りの機会を設定し，支援策についても調整・再検討しながらていねいに支援していくことで，本人の自己理解とキャリア発達が期待される。

その他にも，生徒自身がチェックした「宇都宮版」の結果を，保護者への説明資料として進路相談等にも活用できるなど，教員が，地域の職業領域や求められるスキルを理解し，指導に生かしていくことも十分に可能になると考える。

職業領域においては，生徒が現場実習を積み重ね，獲得するスキル項目が増えると，さらに新たな仕事内容を担当することにつながっていくことが多くみられた。このことから現場実習での積み重ねの部分も適切にアセスメントをしていく必要があると考える。

5　結論

　今回,「地域でのチェックリスト」(宇都宮版)を作成した。

　現在, 特別支援学校においては, 菊地 (2011) が指摘しているように, 全国特別支援学校知的障害教育校長会加盟校676校中, 38.6%が学校の特色および本年度の研究課題として, キャリア教育, 進路指導, 職業教育を挙げており, 前年度と比較してキャリア教育を挙げている学校は倍増している状況である。

　一方, 就職率をみると, 2008年3月の特別支援学校高等部卒業生の総数は, およそ14,500人 (男子9,200人, 女子5,300人) で, 就職者総数は, 3,513人 (全卒業者に占める比率24.4%) となっている。就職者の職域は, 近年の産業構造の変化や労働施策の効果などもあり, 従来の製造業中心の職域から流通・サービス, 事務補助等への職域への広がりをみせている (石塚, 2009)。このように特別支援教育におけるキャリア発達を支援する教育への注目と理解が広がりをみせている。

　今後も, ASD生徒の就労支援の推進および職場定着支援を充実させていくためにも,「宇都宮版」の10の職業領域およびスキル項目を活用しながら, 就労先から求められるスキルを, 高等部在学中に獲得できるような学習内容を検討するとともに, 個別移行支援計画に位置づけていく必要がある。併せて, 今回作成したアセスメントをもとに, 地域における就労支援事業所との連携を充実させ, 地域における体制作りを, 支援を積み上げていく必要もある。

　今回は, 一般企業就労者を対象とした職業領域で「地域でのチェックリスト」の内容を検討したが, 知的障害特別支援学校卒業生の中には, 福祉関係事業所など, 今回挙げた職業領域以外に就労するASD生徒も多くみられるので, 今後は, それらの生徒の就労先のスキル内容をも含めた「地域でのチェックリスト」(宇都宮版) を検討することが今後の課題である。

参考資料

- 中央教育審議会答申（2011）「今後の学校教育におけるキャリア教育・職業教育の在り方について」
- エリック・ショプラー，佐々木正美（1990）「自閉症の療育者　TEACCHプログラムの教育研修」社会福祉法人新生会　小児療育相談センター
- 樋口一宗，丹野徹也（2014）「自閉症スペクトラム児の教育と支援」東洋館出版社
- 石塚謙二（2009）「特別支援教育×キャリア教育」東洋館出版社
- 菊地一文（2013）「実践キャリア教育の教科書」学研教育出版
- 国立特殊教育総合研究所（2004）「養護学校等における自閉症を併せ有する幼児児童生徒の特性に応じた教育的支援に関する研究」
- Patricia Howlin（2000）「自閉症－成人期に向けての準備－《能力の高い自閉症の人を中心に》」ぶどう社
- 佐々木正美（2010）「アスペルガーを生きる子どもたちへ」日本評論社
- 笹森洋樹，広瀬由美子，三苫由紀雄（2009）「発達障がいのある子どもの自立活動の指導」明治図書
- 清水浩（2016）「自閉症スペクトラム児者のキャリア教育に関する研究－TTAPを活用したライフプラン構築支援モデルの開発－」風間書房
- 杉山登志郎（2002）「アスペルガー症候群と高機能自閉症の理解とサポート」学習研究社
- 東京都教育委員会（2014）「東京都立知的障害特別支援学校における自閉症教育充実事業報告書」
- 辻井正次（2012）「発達障害児者支援とアセスメントのガイドライン」金子書房
- 上岡一世（2004）「自閉症の子どもが職場で自立する生活づくり」明治図書

- 梅永雄二（1999）「親，教師，施設職員のための自閉症者の就労支援」筒井書房
- 梅永雄二（2003）「こんなサポートがあれば！」エンパワーメント研究所
- 梅永雄二，服巻繁，服巻智子，訳（2009）「自閉症スペクトラムの移行アセスメントプロフィールTTAPの実際」川島書店
- 宇都宮市役所（2005）「宇都宮市ものづくり産業振興ビジョン」
- 米田衆介（2011）「アスペルガーの人はなぜ生きづらいのか」講談社

おわりに

　知的障害特別支援学校を卒業したASD者の多くは，職業生活を継続する中で，職場定着などさまざまな課題に向き合いながら，自分自身の特性を理解し強みを発揮しようと精一杯頑張っています。

　ASD者一人一人がさらに充実した職業生活を送るためには，高等部から就労への移行の時期に課題となる点をていねいに分析し，適切な支援を行うことが求められますが，その具体的な支援をみつけるためにも，進路指導の中で重要な柱の一つとなっている現場実習がとても大切になります。特に，般化が難しいという特性に対し，数多くの実習先での現場実習の体験が必要となり，その際，ASD者側のアセスメントはもちろんのこと，働く職場環境のアセスメントも行い，ASD者と職場環境との相互作用の中で必要な支援を見極め，適正な移行支援につなげることが，教員や支援者には求められます。

　このような中で，現場実習を中心とした移行への支援をさらに充実したものにし，学校とは異なる状況での行動や普段行っていることの般化をみる意味でも，インフォーマルアセスメントを大切にする必要があります。なぜなら，フォーマルアセスメントでは限られた環境での様子しかみることができませんが，インフォーマルアセスメントは，日々の現場実習の中でチェックを行うことで成長の様子をみながら指導内容を変えていける生きたアセスメントとなるからです。つまり，フォーマルアセスメントをもとに，インフォーマルアセスメントを行うことでASD生徒のさまざまな状況における適切な指導を考えていくことができます。

　今回，ご紹介しましたTTAPは，インフォーマルアセスメントとして現場実習や地域での行動が含まれており，般化の問題もアセスメントすることができ，また，より多彩な場面にわたって自立を促進するための効果的な支援方略を打ち立てることも可能となるものです。

おわりに

　最後になりましたが，ASD児のキャリア教育を進める際に，自己理解を深め，強みを最大限発揮し，夢を掴もうと一生懸命に努力している生徒一人一人の自立を叶える支援の在り方の一つとして，TTAPを有効に活用していただけたら幸いです。

　　　　　　　　　　　　　　　　2018年6月吉日　　城下町米沢の研究室から

　　　　　　　　　　　　　　　　　　　　　　　　　　　　　　　　清水　浩

著者略歴

清水　浩（しみず　ひろし）

山形県公立大学法人山形県立米沢女子短期大学社会情報学科教授。明星大学通信制大学院人文学研究科教育学専攻博士後期課程修了　博士（教育学），栃木県特別支援学校教諭，宇都宮大学教育学部附属特別支援学校教諭を経て現職。

白鷗大学，東北公益文科大学非常勤講師，特別支援教育士SV，臨床発達心理士SV，学校心理士SV，自閉症スペクトラム支援士（ADVANCED），ガイダンスカウンセラー

主な著書

『副読本：TTAP　自閉症スペクトラムの移行アセスメントプロフィールTTAPの実際』（共著）ASDヴィレッジ出版，2014

『自立をかなえる！特別支援教育ライフスキルトレーニング実践ブック』（共著）明治図書，2014

『特別支援教育のためのICF支援シート活用ブック』（共著）田研出版，2015

『自閉症スペクトラム児者のキャリア教育に関する研究－TTAPを活用したライフプラン構築支援モデルの開発－』（単著）風間書房，2016

TTAP 実践事例集
特別支援学校のキャリア教育
―希望の進路を叶える―

2018年9月14日　印刷	2018年9月28日　発行

著　者	清水　浩
発行者	本間　博
発行所	田研出版株式会社 〒123-0874　東京都足立区堀之内2-15-5
印刷・製本	モリモト印刷株式会社

ISBN978-4-86089-051-3 C3037
落丁本・乱丁本はお取替えいたします。
© 2018 H.Shimizu